LE ROMAN

DE

JEHAN DE PARIS

Publié d'après les premières éditions

ET

PRÉCÉDÉ D'UNE NOTICE

PAR

ÉMILE MABILLE

PARIS

Chez P. JANNET, Libraire

MDCCCLV

LE ROMAN
DE
JEHAN DE PARIS

PARIS. — IMPRIMERIE DE J. CLAYE

RUE SAINT-BENOIT, 7

NOTICE

HISTORIQUE ET BIBLIOGRAPHIQUE

SUR

LE ROMAN DE JEHAN DE PARIS

—

e roman de Jehan de Paris, écrit au XVIe siècle, est un de ceux qui, depuis cette époque jusqu'à nos jours, ont joui d'une grande popularité. Cette popularité n'est point usurpée, et il la mérite réellement; on peut dire même qu'il est de ce petit nombre d'ouvrages qui, tout en faisant, par leur naïvete et leur simplicité, les délices des gens du peuple, conservent en même temps un certain charme aux yeux de ceux dont l'éducation rend le goût plus difficile.

C'est ainsi que Tallemant des Réaux nous rapporte que, lorsque le cardinal de Richelieu envoya la princesse de Conti en éxil dans le comté d'Eu, elle vint loger le premier jour à

Compiègne, chez un certain gentilhomme
nommé M. de La Jonquières, et que le soir de
son arrivée, pour passer son chagrin, elle demanda un livre et lut avec un extrême plaisir
un vieux Jehan de Paris tout gras qui se
trouva dans la cuisine.

Le nom de Jean de Paris est resté prover-
bial depuis le xvi° siècle ; la légende, ce poëme
des souvenirs du peuple, et le théâtre, s'en
sont emparés comme d'un thême qui leur étoit
familier, et aujourd'hui encore, il n'est guère
de ville qui ne possède une ou deux enseignes
offrant aux passants le nom et l'image de Jean
de Paris.

Ce roman, ainsi que nous venons de le dire,
n'a point usurpé, comme beaucoup d'autres,
l'estime dont on l'a honoré ; non-seulement il
est l'origine d'une des plus intéressantes his-
toires de la *Bibliothèque bleue*, mais il peut
être lui-même regardé comme un des meilleurs
romans satyriques du xvi° siècle. Il a dû être
composé entre 1525 et 1535, et, selon toute
apparence, à l'occasion de la lutte que soutint
François I° contre les deux rois d'Angleterre
et d'Espagne, Henri VIII et Charles-Quint.
Jean de Paris désigne évidemment François I°.
L'étiquette observée dans le roman lors de
l'arrivée de Jean de Paris à Burgos, est la
même que celle qui fut introduite par Fran-

çois Ier dans sa cour. Tout ce qu'on dit de la
beauté et de la vaillance de Jean de Paris peut
exactement se rapporter à ce roi, et l'allusion
devient évidente, quand on réfléchit au luxe
déployé par le jeune roi de France dans ses
habillements, dans sa vaisselle et dans ses
équipages. L'auteur, dont le nom est resté mal-
heureusement inconnu, avoit une assez grande
connoissance de la cour de France; il étoit
probablement de Paris, et nous ne serions
même pas éloigné de penser, d'après certains
passages de son livre, qu'il appartenoit à
l'Église; peut-être étoit-ce un des chapelains
de la cour de France. Quoiqu'il en soit, la
composition, le style du roman, l'esprit vif et
railleur avec lequel certains passages sont
écrits, en font une production fort remarquable
où dominent principalement la malice et la
gaîté françoises. L'idée fondamentale de l'ou-
vrage est réellement plaisante. Le héros est un
jeune roi de France qui veut épouser une princesse espagnole, à laquelle son père l'avoit
fiancé lorsqu'il n'avoit encore que trois ans. Il
ne connoît point sa fiancée, et même on peut
dire qu'il ne s'en inquiète guère, quand il ap-
prend tout à coup qu'elle va épouser le roi
d'Angleterre et que celui-ci traverse la France
pour se rendre en Espagne. Le jeune roi remet
le gouvernement de son royaume entre les

mains de sa mère, va se cacher dans son châ-
teau de Vincennes et laisse le roi d'Angleterre
prendre les devants; celui-ci traverse Paris et
s'avance vers Bordeaux : le jeune roi se met
en route à son tour avec une nombreuse escorte,
et se rend incognito en Espagne, afin de savoir
par lui-même si la princesse est jolie, et, dans
le cas où elle lui conviendroit, de la demander
en mariage au nez même du roi d'Angleterre.
En route, il rejoint ce dernier, se présente à
lui sous le nom de Jean de Paris, fils d'un
riche bourgeois de cette ville, et arrive à
Burgos presqu'en même temps que lui. Là il
déploie une magnificence d'autant plus extra-
ordinaire qu'il semble y être parfaitement ac-
coutumé; il étonne par ses plaisanteries et par
ses mots à double entente le roi d'Angleterre,
qui le regarde comme un peu fou, ou qui vou-
droit du moins par jalousie le faire passer pour
tel. Tous les princes avec lesquels il se ren-
contre, bien qu'un peu étonnés d'un tel faste
chez un simple particulier, consentent à le
traiter avec honneur. Il donne une fête d'une
richesse dont rien ne pouvoit approcher; la
fille du roi d'Espagne, en le voyant jeune et
beau, ne tarde pas à le préférer à son fiancé, le
roi d'Angleterre, déjà d'un certain âge. C'est en
vain que ce prince, qui ne peut égaler le luxe
déployé par Jean de Paris, cherche à le faire pas-

ser pour un fou et un sot. Chacun, à la cour
d'Espagne, passe du côté du jeune prince; et
lorsque Jean de Paris cesse de garder l'incognito, il devient sans difficulté l'époux de la
jeune princesse.

Nous devons faire remarquer qu'il existe
deux versions principales du roman de Jean
de Paris. Celle des éditions du XVIe siècle,
antérieures à 1570, qui contiennent le texte
que nous rééditons aujourd'hui, et celle de
la Bibliothèque bleue, qui n'est à proprement
parler qu'un simple remaniement du texte
primitif. Ce remaniement, que nous signalons
dans le texte de Jean de Paris, se fait sentir
pour la première fois, à ce que nous croyons,
dans l'édition de *La Rochelle, Touss. de Gouy*,
in-8°, à deux colonnes. Non-seulement, dans
cette édition, le style primitif est sensiblement
altéré, mais quelques passages se trouvent supprimés, entre autres le dernier chapitre. Ce
texte remanié, sans cesser précisément d'être
le même dans les nombreuses éditions d'Oudot
et de ses successenrs, offre néanmoins d'assez
nombreuses variantes; il est notablement plus
court que celui des éditions antérieures à 1570,
et il est moins facile d'y saisir les rapports
entre les faits réels de l'histoire de François Ier
et ceux du roman, que dans le texte primitif;
enfin, dans les versions de la Bibliothèque bleue,

la naïveté primitive et la finesse satyrique font
place à une simplicité presque vulgaire, qui
dénote de la part du nouveau rédacteur l'intention de se mettre à la portée de tous les
lecteurs et de se rapprocher le plus possible
du style du conte merveilleux. L'une de ces
rédactions porte au titre : *corrigé par M. C.
Mallemans de Sagé*. Mais il est probable que
Mallemans de Sagé n'est pas le seul des auteurs
qui ont remanié le texte primitif de *Jean de
Paris*.

Bien peu de personnes se sont occupées de
ce roman; on en trouve un extrait, ou plutôt,
comme il est dit, une traduction très-libre dans
le tome VIII des *Mélanges d'une grande
bibliothèque*. Mais ceux qui ne connoîtroient
le roman de *Jean de Paris* que par cet extrait,
n'en auroient qu'une idée très-fausse et très-
imparfaite, parce que l'auteur de cette analyse
a voulu rendre le roman beaucoup plus plaisant et plus satyrique, en y encadrant une
foule de traits qui ne peuvent faire allusion
qu'à des faits du XVIII° siècle.

M. Le Roux de Lincy, dans la *Nouvelle Bibliothèque bleue* ou *Légendes populaires de
la France*, a publié le texte remanié de *Jean
de Paris*, et l'a fait précéder d'une introduction
intéressante.

Nous terminerons cette notice en donnant

ici une liste bibliographique des principales
éditions de *Jean de Paris.*

JEAN DE PARIS. Sensuyt ung tresbeau et
excellent romant, nommé *Jean de Paris, roy
de France,* lequel, après que son pere eut
remys le roy d'Espaigne en son royaulme par
sa prouesse et par ses pompes et subtilitez,
espousa la fille dudit roy d'Espaigne, laquelle
il amena en France et vesquirent longuement
en grant triumphe et honneur, et à la gloire
de toute France. On les vend à Lyon en la
maison de Pierre de Saincte Lucie, dict le
Prince, pres Nostre-Dame de Confort. (Au recto
du dernier feuillet.) Cy finist ung excellent
romant nommé *Jehan de Paris, roy de France,*
imprimé nouvellement à Lyon par Pierre de
Saincte-Lucie, dict le Prince, près Nostre-
Dame de Confort. Petit in-4°, Goth. fig. en
bois.

Cette édition, fort rare, est la plus ancienne
connue (Brunet); elle doit avoir paru entre
les années 1530 et 1540; on y compte 36 feuil-
lets à longues lignes, au nombre de 34 sur les
pages.

— Sensuyt ung tresbeau et excellent romant
nommé *Jehan de Paris, roy de France.
Lyon, par François et Benoist Chaussard,*
1554, in-4°, Goth. fig. en bois.

Édition qui, en 1842, avoit été regardée

comme la plus ancienne par M. Le Roux de
Lincy.

— Le romant de Jehan de Paris, roy de
France, lequel, apres que son pere eut remys le
roy Despaigne en son royaulme par sa prouesse
et par ses pompes et subtilitez, espousa la fille
du dit roy Despaigne, la quelle il amena en
France, et vesquirent longuement en grand
triumphe et honneur et à la gloire de toute
France ; (et à la fin :) *à Paris, pour Jehan Bon-*
fons, libraire, demourant en lg rue Neufve-
Nostre-Dame, à l'enseigne Sainct Nicolas.
In-4° goth., figure en bois.

— Le romant de *Jehan de Paris*, roy de
France, lequel apres que son pere eut remis le
roy Despaigne en son royaume par sa proesse
et par ses pompes et subtilitez, espousa la fille
du dit roy Despaigne, laquelle il amena en
France, et vesquirent longuement en grand
honneur et a la gloire de toute France. À Paris
pour la veufve Jean Bonfons. — Cy finist le
roman de *Jehan de Paris*, nouvellement imprimé pour la *veufve de Jehan Bonfons, de-*
mourant en la rue Neufve-Nostre-Dame,
à l'enseigne Sainct-Nicolas. Petit in-4° goth.
de 28 ff. à longues lignes avec figures en
bois.

Telles sont les éditions qui contiennent les
le texte primitif de *Jean de Paris*; elles con-

servent une assez grande valeur dans les ventes
publiques.

Le texte remanié se trouve dans les éditions
suivantes, qui perdent de leur prix à mesure
qu'elles deviennent plus récentes.

Le roman de *Jehan de Paris*, roy de France,
lequel, après que son père eut remis le roy
d'Espaigne en son royaume par sa prouesse et
par ses pompes et subtilitez, espousa la fille
du roy d'Espaigne, laquelle il amena en France.
*La Rochelle, Touss. de Gouy, in-8° à 2 col.,
sans date.*

Le même. *Paris, vers 1660, in-4°, figures
en bois.*

Viennent ensuite les nombreuses éditions
de la *Bibliothèque bleue*, dont l'histoire de
Jean de Paris a toujours fait partie. La première de ces éditions est de 1613 ; et depuis
cette époque jusqu'à nos jours, on n'a jamais
cessé de réimprimer cette histoire. Comme
une grande partie des éditions de la bibliothèque
bleue sont sans date, nous nous contenterons
de citer ici quelques-unes des plus impor-
tantes :

Le roman de *Jean de Paris*, roy de France,
etc., *Troyes, Nicolas Oudot, 1613, in-8°.*

Le même. *Troyes, Oudot, 1617, in-8°.*

Le même. *in-8°, sans date.*

Le même. *Troyes, in-8°, sans date, avec ce*

titre: « Histoire de Jean de Paris, etc., cor-
rigée par M. C. Mallemans de Sagsé (catal.
Guyon des Sardières, n° 899.)

Le Roman de *Jean de Paris. Rouen*, 1701,
in-8°.

LE ROMAN

DE

JEHAN DE PARIS

LE ROMAN

DE

JEHAN DE PARIS

—

*Icy commence le prologue de ce present livre
intitulé :* Jehan de Paris, roi de France.

 l'honneur de Dieu, notre Crea-
teur et Redempteur de toute na-
ture humaine, et de la Benoiste
Vierge Marie, sa mère, puissons
nous faire et dire en cestuy tran-
sitoire monde chose que à luy soit plaisant et
agreable, et profitable à noz pauvres ames,
moyennant sa saincte misericorde : mais pour
ce que nostre pauvre fragilité est tantot lassée
et occupée à lire ou escouter choses salutaires
et qui nous doibvent conduire a l'éternelle feli-
cité et remontrance de nos péchez, et que bientot et facilement s'encline à vices et pechez, et
que grand mal est aujourd'huy commis pour ce

2

que chascun entend de leger en parolles disso-
lues, dont grans maulx en viennent. Et pour
eviter toute oysiveté, qui est seur de peché,
j'ay voulu icy mettre par escript une histoire
joyeuse : et pour ce, s'il y a chose qui ne soit
comme il appartient, me soit pardonné, car je
l'ay fait au plus près de la verité que j'ay peu,
pour recueillir les choses anciennes, et les de-
montrer et faire apparoir aux lisans qui voul-
dront prendre la peine de les lyre [1].

Comment le roy d'Espaigne se getta aux piedz du roy de France pour luy demander secours, et comme le dit roy de France le leva et promit luy ayder.

l fut jadis en France un roy fort
sage et vaillant, lequel avoit un
beau fils de l'aage de trois ans, nommé Jehan, et plus n'en avoit de la
royne sa femme, qui notable et saige dame
estoit. Si se tenoit alorz à Paris le roy avecques
la plus grande partie de la baronnie de son

---

1. Ce premier chapitre, qui sert de prologue dans les
premières éditions, a été supprimé dans celles de la *Bibliothèque bleue*. L'auteur semble ici protester contre la tendance littéraire de son époque ; il manifeste l'intention
d'écrire un roman qui reste amusant, tout en s'abstenant
de plaisanteries licencieuses. Le lecteur verra que l'auteur n'a pas trop mal tenu sa promesse.

royaulme en grand deduit et soulaz, car alors
n'estoient nulles nouvelles de guerre en France,
par quoy le roy et tous ses nobles barons en
très grandes richesses et triumphes habon-
doient. Un jour, comme le roy revenoit de
messe accompagné de ses barons et chevaliers,
et ainsi comme il estoit a l'entrée de son Palais
Royal, car le dict jour se faisoit une solemp-
nelle feste, arriva devant luy le roy d'Espaigne,
lequel en très grans pleurs et gemissemens se
getta aux pieds du roy de France, et tantost le
noble roy de France se baissa pour le faire
lever, car incontinent il le congneut; mais le
roy d'Espaigne ne se voulut nullement relever,
ne parler ne pouvoit, mais grans soupirs faisoit,
dont le roy en avoit grand pitié et compassion,
et tous les barons qui estoient entour luy. Quant
il veit qu'il ne se vouloit lever, il luy dist
telles parolles ou semblables : « Beau frère
d'Espaigne, je vous prie que vous vous levez
et vostre grief courroux vueillez un peu re-
frener, tant que nous sachons la cause, car en
bonne foy vous prometz que à nostre pouvoir
ayderons à la mettre a fin le mieux qui nous
sera possible, si faire le povons; » si se baissa,
et de rechef se dressa le roy d'Espaigne, le quel
commença à dire en se deconfortant et criant
à haulte voix : Très chrestien et puissant roy, je
vous remercie très humblement de la belle offre

que de vostre benigne grace vous a plu me faire ;
et pour ce que vous et vos predecesseurs estes
conservateurs de toute royaulté, noblesse et
justice, suis venu à vous pour vous dire mon
infortune, meschef et douloureuse complaincte ;
sachez, Sire, que, à grant tort et sans raison, et
souz couleur d'un nouveau tribut que en mon
royaulme avoit esté mis pour eviter la damnable
entreprinse du roy de Grenade, infidelle à
nostre loy, qu'il avoit fait contre mon royaulme
et la saincte foy catholique, les nobles de mon
royaulme ont par leur faulx donné a entendre
au peuble et seduyt à l'encontre de moy : qu'ils
m'ont voulu faire mourir, et m'en a fallu fuir au
mieulx que j'ay peu, en l'estat que vous me
voyez, et tiennent la royne ma femme et une
mienne petite fille qui n'a que trois ans assié-
gée en une de mes villes appelée Segonie [1], et
ont deliberé de les faire mourir pour mieulx
avoir mon royaulme. Le cueur lui serra, et
tomba pasmé aux pieds du roy de France, le
quel le fit incontinent lever et retenir. Quant
il fut en son bon sens, le roy avoit pitié de luy,
dist en ceste manière : « Beau frère d'Espaigne,
ne vueillez par tristesse vostre cueur affliger,
mais vueillez prendre couraige vertueux comme
par cydevant aviez tousjours, car je vous pro-

1. Quelques éditions portent Senoye ; mais c'est plutôt
Segonie, pour Ségovie.

metz et jure par ma foy que demain au plus
matin envoyray lettre en Espaigne, aux barons
et peuple du royaulme, et s'ils ne veulent
obeyr, je iray en personne et les mettray à
raison. Quant le roy d'Espaigne ouyt ceste promesse, il fust bien joyeulx, et dit humblement
au roy qu'il le remercioit du bien qu'il luy
avoit presenté. De ceci furent joyeulx les barons de France, car grant pitié avoient du roy
d'Espaigne, aussi avoient ils grand desir de
eux exerciter en faict d'armes, car long temps
avoit qu'en France n'avoit eu guerre. Tant fust
bien festoyé le roy d'Espaigne : et pour l'heure
ne fut parlé de la matière si non de faire bonne
chère, car adonc les barons et gentilz-hommes
de France commencèrent a faire joustes par le
mandement du roy pour resjouyr le roy d'Espaigne [1].

*Comment le roy de France escrivit aux ba-
rons d'Espaigne qu'ils eussent à venir ré-
parer le tort et deshonneur qu'ils avoient
faict à leur roy.*

uant ce vint le lendemain matin, le
bon roy fist escripre une lettre ainsi
que il se suyt : en la marge de dessus estoit escript : De par le roy ;

1. C'est par ce chapitre que le roman commence dans les
éditions de la *Bibliothèque bleue.*

et la lettre contient ainsi : **Très chers et bien
aimez**, nous avons reçu la complaincte de
nostre cher et bien aimé frère le roy d'Espaigne,
vostre naturel seigneur, contenant que à tortz
et sans raison, ainsi l'avez dechassé hors de son
royaulme, et qui plus est tenez assiegé nostre
belle seur sa femme ; et plusieurs autres grans
cas que avez fait à l'encontre de luy, qui sont
de très mauvais exemple à toute royaulté et
noblesse ; pour ce est-il que nous voulons sçavoir la verité de tout, pour y donner telle pugnition et provision qu'il appartiendra estre
faicte par raison : car nous l'avons mis en nostre
protection et sauvegarde, luy et sa famille et
ses biens. En vous mandant que incontinent et
sans aucun delay vous vuydiez le siege de devant la royne vostre naturelle dame, et luy
faictes faire telle obeissance comme par avant
ceste question estoit faicte et acoustumé de
faire. Avec ce menez des principaux d'entre
vous jusqu'au nombre de vingt, avecques belle
compaignie telle qu'il vous plaira et semblera
estre bon, pour dire les causes qui vous ont
meu à ce faire, pour en faire la raison comme
il appartiendra, et vous notifiant que se vous y
faictes faulte nous irons en personne, en ferons
telle pugnition qu'il en sera perpetuelle mé-
moire. Faict a Paris le premier jour de mars.
Et audessus des dictes lettres estoit escript :

Aux barons et peuple d'Espaigne. Le roy fit incontinent despescher un messager auquel furent baillées les dictes lettres, et luy commanda le roy que fist la plus grande diligence qu'il pourroit, et aussi fit-il; car en cinq sepmaines il y fust allé et venu [1].

Comment le herault du roy de France apporta la response que lui avoient faicte les barons et chevaliers d'Espaigne.

t quand le dict herault fust arrivé à Paris, s'en alla au palais descendre de son cheval et monta les desgrez et vint en la chambre où le roy estoit, et luy fist la reverence et deist : Sire, plaise à vous sçavoir que j'ay esté à Segonie, là où j'ay trouvé grant peuple devant, qui tiennent la ville assiegée et la royne qui est dedans : je ay presenté vos lettres aux barons et capitaines de l'armée, qui incontinent s'assemblèrent et firent lire les lettres par un de leurs gens; et incontinent qu'ils l'eurent faict lire, ils me firent tirer à part et preindrent conseil. Au bout de deux heures après ou environ, les dictz barons m'envoyèrent querir et me firent reponse de bouche tant seulement, en disant qu'ils s'es-

1. Ce chapitre se trouve un peu altéré et raccourci dans la *Bibliothèque bleue.*

merveilloient fort de quoy vous preniez tant
grant peine d'une chose qui en riens ne vous
touche, et que vous ne vous en mettiez jà en
telle adventure ne danger de les aller chercher
au pays d'Espaigne pour ceste achoison, et que
pour quelque promesse que leur dict seigneur
vous aye faicte, ne vous devez meler si avant,
car pour voz lettres ne pour toutes vos menaces
ne laisseront à mettre fin à leur entreprinse, et
disent que avec vous n'ont riens à faire : je leur
requis qu'il me baillassent response par escript,
mais ils respondirent que autre chose n'en
auroye, et me firent commandement que dans
six heures vuydasse le siege et bientost le pays.
Et quand je veis que autre chose ne pouvois
faire, je me suis retourné vistement, et me
semble que la ville est assez forte à l'encontre,
et ne se pourroit prendre de long tempz, s'il y
a des vivres dedans et gens qui soyent bons et
loyaulx à leur dame. Quand le roy ouyt telle
reponse, il en fust mal content, et non sans
cause, mais le roy d'Espaigne et les barons de
France en estoient moult joyeux, car grant vo-
lonté avoient que le roy y allast en armes,
comme il feist. Et incontinent le roy manda tous
les barons et capitaines et chefs de guerre sans
aucun delay, fist appareiller ce qui estoit de
barons du pays. Si fut faict telle diligence que,
à la fin de may, ensuivant le roy partit de Paris

avec le roy d'Espaigne, jusqu'au nombre de cinquante mille combatans bien en point, et s'en
vint passer à Bordeaulx, et de là à Bayonne.

Comment le roy de France arriva en Es-
paigne et ne trouva personne en chemin,
sinon le gouverneur d'Espaigne, lequel se
fuyt incontinent.

 donc, quand le roy fust près d'Espaigne, il mit tous ses gens en moult
belle ordonnance et donna la charge
de l'advant garde au roy d'Espaigne.
Ils entrèrent en Biscaye, tousjours serrez ensemble, car ils n'estoient jamais loing les uns
des autres de deux ou trois lieues. Et ne trouvèrent adventure aulcune que à compter faut
jusqu'à ce qu'ils furent bien avant en Espagne,
où ils trouvèrent le gouverneur du pays avec
vingt cinq mille combatans qu'il avoit amassez,
et estoient fort mal accoutrez; et quand ils
apperçurent les François qui venoient bien
serrez et rangez, le cueur leur faillit et s'en-
fuyrent de peur qu'ilz avoient, de quoy les
Françoys ne firent pas grand compte, car ils
vouloient aller lever le siege de devant Segonie. Si arrivèrent devant une ville qui leur fut
ouverte, appellée Burges¹; qui est une des

1. Burgos.

bonnes citez du pays : et le roy de France les
print à mercy, par ce qu'ils avoient tost obey.

Comment les ambassadeurs des barons d'Espaigne vindrent devers le roy de France.

e roy de France et le roy d'Espaigne sejournerent huit jours en
la ville de Burges, et cependant le
roy de France remit en obeissance
grand parties de villes à l'entour : celles qui
faisoient signe de rebellion, il les faisoient raser
et mettre à feu et à sang. Les autres qui venoient à mercy leur pardonnoit, tellement que
le bruit en fut si grand partout Espaigne que de
toutes les villes, citez et chasteaulx, apportoient
les clefs et venoient faire obeissance au noble
et puissant roy de France. De là huict jours
passéz s'en allèrent en Segonie, mais ils trouvèrent en chemin l'embassade des barons du
siège, qui venoient devers le roy pour traicter
paix : et fut faict plusieurs remontrances au
roy de France de la part des barons, en eux
complaignans à grand tort du roy d'Espaigne.
Mais pour en faire briefve conclusion, le roy
de France, qui saige estoit, cognoissant leur
malice, leur fit responce que se bon leur sembloit qu'ils se missent en deffense, car jamais
ne les prendroit à mercy jusqu'à ce qu'il ver-

roit que viendroyent tous les nobles à genoulx
devant leur roy, luy crier mercy, et le peuple
en chemise et nues testes, et que des plus
coupables en pugniroient, affin qu'il en fut
memoire. Ceux qui estoient venus pour la dicte
ambassade furent bien esbahys, et non pas
sans bonne raison, voyans que à la puissance
de la France ne pouvoient resister, et que jà
les deux tiers du pays estoient en sa main; si
ne sçurent que faire, forz qu'ils obtindrent du
roy dix jours de respit, pour aller notifier les
nouvelles à ceulx qui les avoient envoyez. Et
quand ils furent devers eulx et leur eurent dit
et fait leur rapport, tous furent si estonnez
que le plus hardy ne sçavoit que dire.

Comment les ambassadeurs des barons du
royaulme d'Espaigne apportèrent la res-
ponse que leur avoit faict le roy de France,
et comment le populaire vint par devers
le roy pour luy crier mercy, quand ils
sceurent les nouvelles du roy de France.

 e populaire fut separé d'avecques
les grans seigneurs, par quoy voyant
qu'ils ne sçauroient resister, si vindrent tout à la mercy au roy comme
les ambassadeurs leur avoient annoncé. Le roy

les receut et se informa moult fort diligemment des principaulx perturbateurs de ce peuple ; et quatre des plus grands barons d'Espaigne
trouva que cecy avoient machiné pour parvenir au royaulme à leur veuloir. Ceulx-ci furent
prins, et jusqu'à cinquante de leurs complices,
que le roy fit mener après luy jusqu'à Segonie
devers la royne, la quelle vint en grand honneur et moult belle compaignie audevant du dict
roy de France et de son mary jusqu'à quatre
lieues. Quand elle fut devant le roy de France,
elle se mist à deux genoulx d'aussy loing qu'elle
le peult veoir, et de là ne se voulut lever jusques à ce que le roy descendit bien hastive-
ment, et la dressa, puis la baisa. Et la royne,
qui moult sage dame estoit, va dire telles parolles : « Helas, très hault et puissant roy, qui
benigne grace avez donné à ceste pauvre captive,
c'est chose impossible à tous les humains, mais
Notre Seigneur Jesus-Christ doint grace à monseigneur mon mary et moy d'y faire le possible et y vueille par sa saincte bonté le residu
parfaire. » « Belle seur et chère dame, dit le
roy de France, qui fut fort content de son bon
recueil, cela est tout recompensé ; ne parlons
plus que de faire bonne chère. Or, allez, dame,
voir le roy d'Espaigne, vostre mary, qui vient
icy après. Lors elle : Quand je vous vois, je vois
tout ; si ne vous laisseray point, mais que je

ne vous deplaise, jusques à la ville. » Quand le
roy vit la grande humilité de ceste dame, il la
fist monter à cheval, et s'en retourna arrière,
et la mena avec luy à force devers le roy d'Espaigne son mary. Laquelle lui fist une grand
feste et bien venue, et s'en allèrent tous trois,
c'est à scavoir le roy de France, le roy d'Espaigne et la royne sa femme, en devisant de
plusieurs choses, jusqu'en la ville de Segonie,
la quelle fut toute tendue de tapisserie le plus
richement et le plus somptueusement qu'il fust
possible de faire. Et fut receu le noble roy de
France en plus grand honneur et humilité que
se peult faire. Donc luy et tous ses barons et
gens de guerre se contentèrent très bien du
bon recueil qui pour lors leur fut faict, et furent
moult joyeulx de voir cette belle ville et si
bien accoustrée et ordonnée comme elle estoit,
car oncques n'avoient veu telles besongnes [1].

1. Ce chapitre est un peu plus court dans la *Bibliothèque
bleue*.

*Comment le noble et puissant roy de France
entra en la ville de Segonie avecques le
roy et la royne d'Espaigne, et aus i les
prisonniers qu'il menoit après luy pour
faire la pugnition telle quelle leur appartiendra.*

a feste dura quinze jours en Segonie, où il fut faict de beaulx esba-
temens et joustes, que laisse pour
cause de briefveté. Mais tousjours
faisoit faire le roy de France justice de ceulx
qui avoient commencé l'injure à l'encontre du
roy d'Espaigne. Si-fist au bout de quinze jours
dresser un eschafault droit au meilleu de la
ville, et illec et devant tout le peuple feit de-
coller les quatre plus principaulx coulpables
du cas. Puis il envoya en chascune bonne ville
cinq des aultres pour montrer exemple au peuple
de bien servir et obeir à leur roy mieulx qu'ilz
n'avoient faict par avant, et que un chascun
print un exemple. Après ce il meist le roy
d'Espaigne en son royaulme, et fust mieulx
obey et craint que jamais n'avoit esté par avant.
Cela fut fait, et se delibera de retourner en
France avecques son armée, car il avoit mis
tout le pays en bonne paix et concorde [1].

[1]. On voit ici que l'auteur du roman cherche à faire pré-
dominer la doctrine du pouvoir royal. Se révolter contre

Comment le roy d'Espaigne et la royne, voyant
que le roy de France s'en vouloit retourner
en France, se vindrent agenouiller devant
luy en le remerciant de l'honneur et ser-
vice qu'il leur avoit faict, et luy recom-
mandèrent leur fille.

uant le roy et la royne d'Espaigne
virent que le roy s'en vouloit retourner en France, ilz ne sçavoient
de quelle manière ilz le devoient
remercier du bien et de l'honneur qu'il leur
avoit faict; parquoy s'en vindrent devant tout
le peuple se mettre à ses pieds, disant : Très
hault et puissant roy, bien sçavons que ne
pouvez ici guères demourer, pour les grans
affaires de vostre royaulme. Si sçavons que à
nous n'est pas possible de vous pouvoir nullement recompenser en aucune manière que ce
soit, mais toutesfoys, ce que en nous sera possible, desirons fort de faire et accomplir en-

son roi est à ses yeux, de la part de la noblesse, un très-
grand crime ; le roi de France est puissant, et c'est à lui
de faire respecter dans l'univers entier la majesté royale.
De là résulte pour nous une preuve morale que l'auteur
étoit de Paris et peu éloigné de la cour de France. Il est,
du reste, assez curieux de rapprocher cette tendance du
roman de *Jean de Paris* de celle du roman des *Quatre-Fils-*
Aymon, qui, rédigé un peu antérieurement, il est vrai,
soutient, au contraire, la cause des vassaux contre la puissance royale.

vers vous. Si vous prions humblement que
veuillez mettre sur nous et sur nos successeurs
tel tribut et revenu comme il vous plaira, car
de vous et de vos successeurs voulons doresna-
vant tenir nostre royaulme comme bons et
loyaulx subgectz, car c'est bien raison [1]. Quand
le roy ouyt ces paroles, il en eut moult grant
pitié; si leur respondit, et les leva : « Mes amys,
croyez que envie de gaigner et acquerir pays
ne m'a pas fait venir en ce royaulme, mais le
desir et vouloir de justice augmenter et les
honneurs royaulx garder et entretenir. Si vous
prie que plus ne soit parlé de ces parolles.
Ainsi vous laisse; à tant que ne greviez ame,
mais pensez de bien faire, et sagement gou-
vernez voz subjetz en bonne justice et crainte
de Dieu. Car par ce moyen en prospérerez, et
non autrement, et se rien survient faictes le
moy sçavoir, car sans nulle faulte je vous se-
courray et ayderay. » Quand ilz virent la grand
amour et cordialité que le roy avoit envers
eulx, la royne print sa fille, qui estoit en l'aage
de cinq a six mois, entre ses bras, et vindrent
devant le roy de France, luy requerant que son
plaisir fust ouyr une petite requeste que luy

1. On doit encore remarquer ici combien l'auteur cherche
à faire prévaloir la couronne de France sur les autres puis-
sances; c'est qu'il écrivoit sous François Ier, et que Charle-
Quint régnoit en Espagne.

vouloient faire. Je veulx bien, dist le roy. Et adonc
la royne commença à parler ainsi : Sire, puisque
ainsi est que en vous avons toute nostre espérance, vous prions et requerons que ceste pauvre
fille que vous voyez icy entre mes bras vous soit
recommandée ; jamais n'avons espérance d'avoir
d'autres enfans, car nous sommes desjà sur
l'aage ; parquoy, si Dieu lui donne grace de parvenir en l'aage competant pour marier, vostre
plaisir soit à luy pourveoir de mary comme
il vous plaira que verrez que luy sera necessaire, et à bailler le gouvernement de ce pays,
car nous voulons que de par vous y soit ordonné roy comme bon vous semblera, car c'est
raison. Quand le roy de France vit leur grand
humilité, le cueur luy attendrit et eust grant
pitié d'eulx, et leur respondit en ceste manière : Chers amys, je vous remercie de la
grande affection que avez envers moy, et sachez
que vostre fille n'est pas à refuser, et se Dieu
donne grace à mon filz de vivre en aage parfait, et vostre fille, je seroye fort joyeulx que
fussent conjoincts par mariage ensemble. Se
Dieu me donne grace de vivre jusques à l'heure,
je vous prometz que mon filz n'aura aultre
femme que vostre fille. Helas, sire, pour Dieu
mercy, ne pensez pas que monseigneur mon
mary et moy soyons si presomptueux que ce
vous ayons dist et requis, à cette fin que la

3

prenez pour vostre filz, mais seulement pour
quelque seigneur de voz barons, tel comme
vostre bon plaisir sera, car trop nous feriez
d'honneur de luy donner monseigneur vostre
filz [1]. Certes, dist le roy, ce qui est dict est dict,
et s'il plait à Dieu que nous vivions, il en sera
plus avant parlé, car maintenant n'en pouvons
bonnement autre chose faire : si prendrons
congé de vous. Vrayment, deist la bonne royne,
mais qu'il vous plaise, monseigneur mon mary
et moy, avec voz barons, vous conduirons jusques à Paris, car j'ay très grand desir et vo-
lonté de veoir ma très honorée dame la bonne
royne de France. Mes amis, respondit le roy,
vous ne pouvez bonnement venir, ne devez
quant à present, car vostre peuple, qui nouvellement a esté reduit à subjection, pourroit
facilement en vostre absence estre seduit en
peu de temps, pour ce que tous les coulpables ne
sont pas mors ne aussi les parens des pugnis,
lesquelz pourroient faire ou entreprendre à
l'encontre de vous quelque vengeance ou quelque mauvaise conspiration ; par quoy, s'il vous
plaist, et aussi le vous conseille, que nullement
ne vous partez d'ici, mais que tant seulement

---

1. Une fois pour toutes, nous ferons remarquer l'esprit
éminemment françois du roman et la distance que l'auteur
cherche à mettre entre la France et l'Espagne. Ce roman
dut, à son apparition, indépendamment de ses autres mé-
rites , avoir tout le succès d'un pamphlet de circonstance.

les entretenez en bonne paix et amour, et vous
tenez sur vos gardes, et tenez et faictes bonne
justice aux pauvres et aux riches, et craignez
et aymez Dieu, et le servez devant tous aultres
œuvres, car tout bien vous en adviendra, et
sans grace ne pouvez nul bien avoir. Je vous
recommande aussi l'estat de nostre mère saincte
Église et les pauvres, qui sont les membres de
nostre Seigneur, et gardez bien qu'ils soient
opprimez ne foullez, et Dieu vous aydera[1]. Et
après ces belles demonstrances et enseignemens que le roy leur fist en la presence de
plusieurs grands seigneurs, barons et cheva
liers de renom, tant de France que d'Espaigne,
prindrent congé les uns des aultres en grans
soupirs et regrets.

Comment le roy de France, après qu'il eut
prins congé du roy d'Espaigne et de la
royne, s'en alla en France, et comment
les barons du pays l'accompagnèrent
grand chemin.

t toutefois, pour abreger, le roy se
partit d'Espaigne à grans pleurs et
lamentations du roy et de la royne,
de ceulx du pays qui l'accompa-

1. Cette recommandation en faveur de la mère sainte
Église pourroit bien indiquer que l'auteur étoit un de ses
enfants.

gnèrent très grant espace de temps, et donna
le roy d'Espagne de grands et riches dons au
roy, aux barons et chevaliers de France, tellement qu'il n'y avoit en toute l'armée petit ne
grand qui ne se louat et qui ne tint le roy
d'Espaigne à vaillant et très puissant roy ; si
firent tant par leurs journées qu'ils vindrent
à Paris, où ils furent joyeusement et honorablement receuz, et dura la feste huit jours ; puis
chascun print congé du roy, qui les envoya
contens en leurs maisons [1].

Comment le roy de France mourut, dont fut demené grant dueil par tout le royaulme de France.

e noble roy de France, au bout de
quatre ou cinq ans après, vint une
maladie qui longuement luy dura
et à la fin mourut, dont fut un
grant dommage au pays, et en fut demené
grant dueil par tout le royaulme, expressement
la royne, qui moult l'aymoit. Si fut ambausmé
comme à tel prince apartenoît, et fut mis en
sepulture, l'obsèque faict comme à luy aparte-
noit ; la royne, qui sage estoit, print le gouvernement du royaulme, pour ce que son filz

1. Ce chapitre est sensiblement altéré dans la *Bibliothèque bleue.*

estoit encore jeune, et gouverna en bonne paix
et tranquillité et union de justice[1]. Quelque
peu de temps après fut faict roy Monseigneur
Jehan, son filz, dont fut fait par tout le pays
une merveilleuse joye. Si laisserons à parler
d'eux et retournerons au roy et à la royne
d'Espagne, que si bien gardèrent les bons
enseignemens que le roy de France leur avoit
donnez, et gouvernèrent leur pays et royaulme
en bonne paix, justice et amour de leurs sub-
jectz.

*Comment le roy. d'Espaigne eut nouvelles
certaines que le bon roy de France estoit
mort, dont luy et la royne demenèrent
grant dueil.*

n ce temps arriva nouvelles en
Espaigne comme le roy de France
estoit allé de vie à trespas, dont
fust demené grant dueil par le roy
et la royne et tous les barons du pays, et n'y
eust monastère ne eglise ne couvent où le
roy, la royne, ne feist faire obsèques, prières,
oraisons, pour l'ame du roy de France, et portèrent le roy et la royne de dueil un an, et
moult bien en firent leur devoir; toutefois il

1. Tout le reste de ce chapitre est supprimé dans la
Bibliothèque bleue, et ce qui précède sensiblement altéré.

n'est pas dueil que au bout de quelque temps ne se appaise et qu'on ne l'oublyé, et mesmement quand les parties sont si loing l'un de l'aultre. Le roy et la royne d'Espagne firent nourrir leur fille moult bien, et luy firent aprendre toutes bonnes meurs et à parler tous langages, tant qu'on ne sçavoit fille en tout le royaume d'Espagne plus belle, plus sage et plus gracieuse, mieulx moriginée qu'elle estoit. Le père et la mère, c'est assavoir le roy et la royne, devindrent vieulx, qui aultres enfans n'avoient que celle fille, de l'aage de quinze ans. Et pensèrent entre eulx qu'il estoit besoing et temps, pour mieux faire et pour leur consolation, de la marier à quelque un qui gouverneroit le royaulme, et faisoient requerir par toutes terres si on pourroit trouver mary qui fut propice pour la dicte fille, car ils avoient, du tout en tout, oublié la promesse qu'ilz avoient faicte au roy de France, tant en la fin que les nouvelles en vindrent au roy d'Angleterre, qui pour lors estoit veufve, par quoy se delibera de envoyer une embassade en Espaigne.

Comment le roy d'Angleterre fiança la fille du roi d'Espagne, appelée Anne, par procureur.

e roy d'Angleterre, qui ouyt parler de ceste fille qui estoit tant belle et saige et bien moriginée, si pensa en luy mesmes qu'il estoit bon qu'il la fist demander. Si envoya en Espaigne une moult belle compaignie de ses barons et chevaliers en ambassade pour demander la fille en mariage, et donnèrent les ditz ambassadans de beaux presens au roy et à la royne, à la fille, aux barons et chevaliers d'Espaigne, pour mieux attraire à leur fille, et elle leur fut accordée, dont la fille ne fut pas contente, car on lui avoit rapporté que le roy d'Angleterre estoit jà fort vieulx ; mais pour l'amour de son père et de sa mère n'en osoit mot sonner, à celle fin qu'ilz n'en fussent marrys contre elle ; lors les fiançailles furent faictes par procureur. La fiança le conte de Lencastre pour et au nom du roy, dont les Anglois furent moult jouyeulx et firent grand feste, et donnèrent de beaux joyaulx à leur nouvelle dame et aux damoiselles, et au bout de huict jours s'en voulut retourner dire la reponse au roy comme ils avoient exploicté la besogne, et fut pris terme d'espouser. Et promirent que dans le dit temps

ameneroient leur roy pour parachever le mariage, et prinrent congé les uns des autres. Se
partirent les Anglois bien joyeulx d'Espagne,
de ce qu'ilz avoient bien besongné, et firent
tant par leurs journées qu'ils arrivèrent en
Angleterre, où ilz furent receus à grand joye,
et vindrent à Londres, où le roy les festoya
merveilleusement [1].

Comment les ambassadeurs portèrent les
nouvelles au roy d'Angleterre de ce qu'ilz
avoient faict avec le roy d'Espaigne.

 i furent les ambassadeurs receuz à
grand honneur et joye du roy d'Angleterre, et leur demanda comme
ilz avoient besongné touchant la
matière. Le conte de Lencastre respondit
comme eulx estre arrivez en Espaigne, en parlèrent au roy et à la royne, lesquelz nous firent
responce qu'ilz estoient bien joyeulx du mariage et que vous leur faisiez beaucoup d'honneur ; par quoy, sans plus attendre, la fiançay
pour vous comme procureur, et avons mis terme
d'espouser d'huy en quatre mois. Le roy, oyant
les nouvelles, fut si surpris de joye qu'il fist
crier par Londres que l'on ne ouvrit les bou-
ticques de huit jours et qu'on fist feste. Cepen-

---

1. Ce chapitre est modifié dans la *Bibliothèque bleue*.

dant fit faire le roy grant apareil pour espouser celle qui avoit jà gaigné son cueur, car il
desiroit fort la contenter, pour ce qu'on luy
avoit raporté secrettement qu'elle ne prenoit
pas plaisir au mariage; et pour ce que le roy
d'Angleterre ne trouvoit pas bien en son pays
draps d'or, delibera de venir passer à Paris
pour se fournir de bagues et joyaulx comme
mestier luy estoit. Si s'en partit d'Angleterre
en belle compaignie, car en celuy temps n'estoit nouvelles de guerre. Si s'en vint descendre
en Normandie, à tout quatre cens chevaulx
accoustrez selon la mode du pays, et fist tant
par ses journées qu'il vint à Paris, où estoit
le jeune roy de France, de l'aage de XVII ou
XX ans, tant beau et tant sage que merveilles,
et par la royne, sa mère, totalement se gou-
vernoit, et bien luy en prenoit, car elle tenoit le royaulme en bonne pollice et transquil-
lité.

*Comment le roy de France envoya au de-
vant du roy d'Angleterre des plus grands
de ses barons et aussi des bourgeoys de sa
ville.*

ors quand la royne de France sceut
la venue du roy d'Angleterre, elle
fist aller au devant de luy tous les
barons et bourgeois de Paris en

belle ordonnance. Le jour n'estoit pas le jeune
roy à Paris, ains estoit allé chasser un sanglier
au boys de Vincennes, où il demoura tout le
jour. Quand le roy d'Angleterre fut entré à
Paris, il vint veoir la royne, laquelle le festoya
bien ; et ainsy qu'ilz estoient au souper, le roy
d'Angleterre declara à la royne la cause de son
voyage, et pourquoy il estoit passé en France,
et loua merveilleusement la beauté et le sens
de la pucelle, et ne fut, au souper, parlé d'aultres matières, car le roy d'Angleterre y avoit
grand affection, et mesmement comme ces vieil-
lards, qui sont incontinent bridez. Après souper, tous les instrumens vindrent, et dansèrent
et firent la meilleure chère qui leur fut possible. Le roy d'Angleterre souhaitoit fort le
jeune roy de France. Et aprez qu'ilz eurent
longuement passé le temps, le roy d'Angleterre
s'en alla retraire, et tous ses gens, qui furent
moult joyeulx du recueil et de l'honneur que
la royne leur avoit faict. Quand le roy fut en
sa chambre, ilz commencèrent à louer merveilleusement la royne, qui si grand honneur leur
avoit faict. Quand la royne fut en sa chambre,
bien lui souvint des parolles que le feu roy son
mary luy avoit dictes quand il revint d'Espaigne, comme il avoit promis son filz à la fille
du roy d'Espaigne. Et aussi desiroit-elle fort
que son filz fust marié. Si envoya querir le duc

d'Orléans et le duc de Bourbon, qui avoient
esté en Espaigne avec le roy de France, et leur
dit en ceste manière : « Beaux cousins, je vous
ay envoyé querir comme mes principaux amys
et de mon filz ; vous avez ouy les grans biens
qu'on dict estre en ceste fille d'Espaigne ; il
est temps, comme vous voyez, que le roy, mon
filz, soit marié. Si me suis pensé que plus bel
mariage on ne pourroit trouver, se la fille est
telle comme on dict ; pour ce vous prie que
m'en conseillez : car bien croy que si le roy
d'Espaigne sçavoit que mon filz la voulsist
avoir, voluntiers la luy donneroit. Les seigneurs regardèrent la royne et luy dirent que
mieulx ne pouvoit faire. Si se tindrent fort
coupables que plustost n'en avoient parlé, et
pour ce à celle heure s'en allèrent au boys
de Vincennes vers leur roy, si luy dirent les
nouvelles. Or ilz trouvèrent le roy couché, qui,
incontinent qu'il sceut qu'ilz estoient arrivez,
les envoya querir pour sçavoir qui les movoit
de venir si tard.

Comment le duc d'Orléans et le duc de
Bourbon vindrent toute nuit au boys de
Vincennes pour aporter les nouvelles au
roy telles que vous les orrez ci-aprez[1].

 donc quand les barons eurent tout
conté au roy la matière qui avoit
esté entre sa mère et eulx, il leur
deist qu'ilz s'allassent coucher et
que demain au matin il y auroit pensé et leur
en feroit respence, par quoy les barons prinrent congé de luy et s'en allèrent reposer. Et
quand ilz s'en furent allez, le roi cuidoit dor-
mir, mais il ne peult; si veilla là toute la nuit
en pensant à la beauté qu'ilz luy avoient dict
qui estoit en la fille, car elle luy estoit jà entrée au cueur; mais il doubtoit le refus, pour
ce que le roy d'Angleterre l'avoit jà fiancée; se
delibera en soy une moult belle façon et estrange à faire, laquelle il proposa en son entendement de la parfaire et accomplir, et la mena à
fin le plus sagement que ne fist homme. Quant
vint au matin, le roy se leva, qui n'avoit pas
oublié la besongne; si dist aux barons : Je veulx
aller devers ma mère la royne si secrettement

1. Ce chapitre et le suivant sont supprimés dans la
Bibliothèque bleue. Le précédent, il est vrai, contient quelques lignes de plus.

que ne soye aperceu. Allez-vous en devant et
me faictes assembler les principaux de mon
conseil en quelque lieu secret. Tantost partirent
de Vincennes, et vindrent à Paris, car guères
loing n'estoit, et vindrent devers la royne et
luy dirent ce qu'ilz avoient besongné et comment le roy venoit dissimulé, car il ne vouloit
estre cogneu des Angloys, pour ce qu'il cognois-
soit que le roy avoit une singulière affection
en la besogne. Si vint vers sa mère, et incontinent qu'elle le vit luy fist une grande bien-
venue. Si fist dès l'heure assembler les principaux de sa baronie et de son conseil, et quand
il y fut commença à dire :

Comment le roi de France vint dissimulé
pour paour qu'il ne fust cogneu des
Angloys.

a chère dame et mère, jay entendu
que m'avez mandé et y ai assez
pensé. Et sçay bien que vous et mes
parens, qui icy sont, ne me voul-
driez conseiller chose qui ne fut à mon honneur
et profit. Si la chose est telle comme en dit,
j'y vouldroys bien entendre, car mieulx ne
sçauroye trouver; mais je voy deux grans
empeschements : pour ce qu'elle est fiancée au
roy d'Angleterre qui va l'espouser, pourquoy

à l'adventure le roi d'Espaigne ne voudra pas
rompre sa promesse, et se ainsi estoit ce nous
seroit un grand deshonneur ; l'aultre poinct est
que si le roy d'Espaigne la nous octroye, quand
nous l'aurons veue, s'elle ne nous est agreable,
ce seroit une grande villenie de luy avoir faict
perdre son premier mariage. Et comme vous
sçavez, c'est une chose qui doit venir de franche
volunté, car c'est longue chance que mariage.
·Et pour mieulx donner à ces deux pointz conclusion et fin, je me suis pensé de m'en aller
·en Espaigne en habit dissimulé, en la plus
grande triumphe qui seroit possible, changerai
mon nom et ferai aller mon armée par quelqu'autre lieu, et mes chariotz, qui tous les jours
sçauront de mes nouvelles. Et quand je seray
arrivé par de ça, selon que je verray la manière, je le feray ; si vous prie que en ce vou-
liez aviser et en dire voz opinions, car je ne
suis point si arresté à mon opinion que je ne
veuille bien user de vostre conseil. Quand la
royne ouyt si sagement parler son filz, elle en
fut moult joyeuse, si furent tous ceux du conseil ; puis la royne dist : « Mon trez aymé filz,
il me semble que avez sagement prinz vostre
intention de vous en aller en la manière que
vous avez devisé ; car, principallement, nul
mariage ne se doibt faire si les parties ne se
consentent, et qu'elles y viennent par bonne

et vraye amours, autrement il en vient de
grans inconveniens; pour ce, je suis de vostre
opinion, et pour ce touteffois que au plus haut
estat que faire se pourra y allez, si le cas
d'aventure avenoit que le mariage se fist, car
monseigneur vostre père en vint en grand
honneur et triumphe, par quoy ne faut pas
amoindrir vostre estat; car il est besoing que
y soyez fort pompeux, pour tousjours honorer
et faire craindre vostre noble royaulme. Pour
abreger, tous furent de telle opinion. Et quant
tout fut conclud, on ordonna que le jeune roy
ne verroit point le roy d'Angleterre, si non
secrettement, afin qu'il ne fut de luy cogneu,
et fut ordonné que des draps d'or et de soye,
les plus belles bagues, chaînes, colliers, et
autres choses servans à la matière, seroient
retenus et prins pour porter en Espaigne, et
que on en laisseroit une partie pour ayder à
fournir le roy d'Angleterre, et que la royne
l'entretiendroit sept à huit jours jusques à ce
que le roy de France seroit prez de partir.
La royne fist ouvrir tous les trésors du roy, qui
estoient fort grans, car jamais n'avoit eu guerre
que en Espaigne, parquoy il se trouva grande
habundance de riche joyaulx, lesquelz le roy
print pour porter avec luy. Le duc d'Orléans
eut en charge de faire l'aprest de ce qui estoit
necessaire. Si print un cent des plus honnestes

barons de la maison du roy, qui estoient de son
aage, et cent jeunes pages fort beaux; si les
fist le duc d'Orléans hâbiller de livrée comme
il luy sembloit pour le mieulx. Le roy retourna
au bois de Vincennes et dist au duc d'Orléans
qu'il fist la plus grande diligence que faire se
pourroit, et que incontinent que les pages et
barons seroient prest, qui les luy amenast à
Vincennes, et que cependant le duc d'Orléans
et de Bourbon, qui eurent la charge, firent
aprester deux mil hommes des plus grandz du
royaulme et quatre mille archers avec les cous-
tilliers et pages, pour garder et conduire le
grand nombre des coffres et bahus qu'il menoit,
car dedans iceulx furent mis draps d'or et de
soye, bagues et richesses innumerables, et fist
mener avec les chariots cousturiers et brodeurs,
qui ne faisoient autres choses que faire habillemens de diverses manières. La royne entretint
le roy d'Angleterre au mieulx qu'elle peut en
attendant que son filz fut prest. Et cependant
le dict roy faisoit chercher draps d'or, de soye,
et autres bagues pour eulx fournir; lesquelz
en trouvèrent bien peu, car le roy de France
avoit prins tout le meilleur, le plus beau, dont
les Angloys estoient fort esbahis que à une
telle ville que Paris avoit si peu de draps de
soye; toutefois leur fut force de prendre en
gré ce qu'ilz trouvèrent. Cependant le roy de

France fut prest pour partir, et s'en alloient par bandes, les uns par un lieu, les autres par l'autre, tellement que le roy d'Angleterre ne s'en apperceut point.

Comment les cent chevaliers et les cent pages, tous montez et habillez de mesme, arriverent devers le roy de France à Vincennes.

es cent barons et les cent pages, en belle ordonnance, vindrent devers le roy à Vincennes, habillez si honestement que cestoit merveilles et belle chose à veoir, selon le temps qui pour lors couroit; car ils estoient tous vestus de velours bordé tout à l'entour de fin or, car les pourpointz estoient de fin satin cramoisy. Ils estoient merveilleusement beaux et bien en poinct; mais pardessus tous les dessus dictz estoit le roy de France le plus beau et le plus parfait, car beau et grand homme estoit. Si deffendit incontinent qu'ilz ne dissent à personne qui estoit, si non qu'il avoit nom Jehan de Paris et qu'il estoit filz d'un riche bourgeois du dit lieu, qui luy avoit laissé grans richesses et grans biens après son decès. Quand il sceut que le roy d'Angleterre vouloit partir le lendemain de Paris, il part et

4

tire son chemin par la Beaulce, car il sçavoit
bien que le roy d'Angleterre vouloit tirer à
Orléans et de là à Bordeaulx, et pour ce il s'en
alla devant jusques vers Estampes, et quand
il fut averti que le roy venoit, il partit d'Estampes et se mit à chevaucher la Beaulce tout
bellement pour contre attendre le roy d'Angleterre, et fut un mardy aprez que le roy Jehan
de Paris se faisoit nommer; et chevauchoit
avec les deux cens chevaulx, grisons, et telz
gens comme avez dessus ouy. Et son ost estoit
allé par autre chemin affin que le roy ne les
apperceust, et conduisoit les chariotz et richesses de Jehan de Paris, et avoient tous les
jours nouvelles les ungs des autres. Le roy
anglois se partit d'Estampes et chevauchoit
bien fort. Si luy dirent ses gens que devant
eulx avoit une compagnie de gens moult bien
accoutrez, il seroit bon de y envoyer.

Comment le roy d'Angleterre envoya l'ung
de ses heraulx pour veoir et sçavoir que
c'estoit et qui en estoit le chef.

ors le roy d'Angleterre commanda
l'un de ses barons qu'il allast querir un herault : si fut incontinent
venu; le roy luy dist et commanda
qu'il allat veoir cette belle compaignie, et qu'il

s'enquist et demandast qui estoit le seigneur
d'eux, et qu'il le saluast de par luy. Et incontinent le herault se partit du roy d'Angleterre,
et piqua son cheval, et fist tant qu'il arriva
bien près d'eux, et puis les regarda bien voluntiers et vit comme ilz chevauchoient en
belle ordonnance et tous les chevaulx pareils.
Il ne sceut que faire, car ilz luy sembloient
estre anges descendus du ciel, car en sa vie il
n'avoit veu si belle compaignie. Si print courage et se mit en garde de Dieu, et vint jusqu'au plus près des derniers : Dieu vouz garde,
messeigneurs ; veuillez scavoir que le roy d'Angleterre mon maistre, qui vient après moy, si
m'envoye vers vous pour scavoir qui est capitaine de ceste belle compaignie. — Amy, dist
l'un d'eux, elle est à Jehan de Paris, nostre maistre. —Est-il icy ?— Ouy, respondirent les Françoys ; il chevauche bien loing là devant. —
Vous semble il, dist il, que à luy puisse parler,
et quel cheval chevauche ? — Vous pourrez
bien parler à luy, mais que vous vous hatez de
chevaucher legierement. — Et comment le co-
gnoistray-je ?—Vous le pourrez cognoistre pour
ce que il est habillé comme les autres, mais il
porte une petite verge blanche en sa main. Si
dist le herault grant mercy. Si chevaucha le herault parmi la presse, voyant si grand triumphe
qu'il en estoit quasi en reverie. Si chevaucha

tant que il vit celuy que on luy avoit dict, et le
salua honorablement en disant : Très hault et
puissant seigneur, ne sçay vos tiltres par quoy
vous puisse honorer ; si me aurez pour excusé.
Plaise vous sçavoir, mon très redoubté seigneur,
que le roy d'Angleterre, mon maistre, m'a envoyé par devers vostre seigneurie sçavoir quelz
gens vous estes, car il est ici bien prez et desire
fort estre en vostre compaignie. — Mon amy,
vous luy pourrez dire que je me recommande
à sa bonne grace, et que s'il chevauche un peu
legierement, il nous pourra atteindre, car nous
ne chevauchons pas trop fort. — Et que luy
diray-je qui vous estes? — Mon amy, dictes
luy que Jehan de Paris suis appelé. Le herault ne l'osa plus interroger, doubtant luy
deplaire. Si s'en retourna vers son seigneur,
tout emerveillé de ce qu'il avoit veu. Si chevaucha fort jusques à ce que il fut venu vers
son maistre. Et quant il fut à luy, il luy compta
les triumphes et nouvelles qu'il avoit ouyes et
veues. Et luy dist qu'ilz estoient environ deux
cens chevaulx tout d'un poil, et y avoit ces
hommes et ces pages tout d'un mesme habit
et mesme aage, les plus belles gens que jamais
avoit veu. Si croiroye plustost que ce fussent
espritz mortelz; touteffois suis venu à eulx et
ay tant faict que j'ay parlé à leur maistre, lequel ay salué de par vous. Et m'a dict qu'il

est nommé Jehan de Paris, car plus avant ne
l'ay osé interroger, et n'y a difference entre
eulx ne luy si non qu'il porte un baston en sa
main, et est merveilleusement bel par dessus
tout les autres ; et ne chevauche pas si fort que
tot ne l'ayez aconceu.

Comment le roy d'Angleterre commanda à ses barons qu'ilz chevauchent fort quand il sceut les nouvelles de Jehan de Paris.

r chevauchons, dist le roy d'Angleterre, et commanda à ses principaux barons qu'ilz chevauchassent
après luy en belle ordonnance. Si
chevauchèrent tant qu'ilz vindrent à joindre
jusques aux derniers. Et quant il les vit fut
fôrt emerveillé. Touteffois, il les salua doucement ; ilz luy respondirent et rendirent son
salut. Messeigneurs, dist le roy d'Angleterre,
je vous prie que me veuillez monstrer Jehan
de Paris, pour ce que l'on m'a dict qu'il est
seigneur de ceste compaignie. — Sire, dirent
ceulx ci, nous sommes ses serviteurs, si le
trouverez un peu plus avant, où il porte un
baston blanc en sa main et chevauche devers
la pouldre. Lors le roy d'Angleterre dist : Je
vois parler à luy, et tant chevaucha, regardant
çà et là, qu'il vint jusques à Jehan de Paris et
le salua en disant :

Comment le roy d'Angleterre arriva auprès
de Jehan de Paris en le saluant moult
doucement, et Jehan de Paris le roy.

ieu doint honneur et joye à Jehan
de Paris, et ne vous desplaise, car
je ne sçay le tiltre de vostre prin-
cipalle seigneurie. — Si, dist Jehan
de Paris, vous le scaurez bien, car c'est mon
droit tiltre que Jehan de Paris ; vous soyez le
bien venu s'il vous plais me dire le vostre. —
Voluntiers, dist le roy d'Angleterre ; je suis le
roy des Anglois. — En bonne heure, dist Jehan
de Paris ; et où allez vous en ces marches ?
Certes, dist le roy, je me vois marier en Espagne à la fille du róy. — En bonne heure, dist
Jehan de Paris, je m'en vois passer le temps
par le pais, car je m'ennuie bien à Paris. Et
pour ce j'ay déliberé d'aller jusques à Bordeaux
et ailleurs, si le courage le me conseille. — Or
me dictes, beau sire, dist le roy, si c'est vostre
plaisir, de quel estat estes-vous, que telle compaignie menez, car c'est la plus belle que je
vis oncques. — Certes, respondit-il, je suis filz
d'un riche bourgeois de Paris, qui trespassa il
y a longtemps et me laissa moult de biens ; si
m'en vois en despendre une partie, si je puis je
en amasseray de l'autre. — Comment amasser,
dist le roy, et menez vous tout ce train à vos

despens.—Ouy certes, dist il, c'est bien peu de
chose quant à moy, veu ce que mon père m'a
laissé. — Par ma foy, dist le roy, vous en serez
bientot au bout, car n'y a roy sur la terre qui
ne fut bien chargé d'entretenir un pareil estat.
—Certes, dist Jehan de Paris, il ne vous en fault
jà soucier, car j'en ay bien plus ailleurs. Mais
chevauchons plus fort, car il nous faut aujour-
d'huy coucher près d'Orléans, à 6 lieues du
moins. Si s'en vont chevauchant plus fort qu'ilz
n'avoient acoustumé. Et le roy disoit parfois à
ses gens : cest homme est fol de ainsi aller
despendant le sien par le pays à si grande
triumphe, se fut il empereur ou roy. — Sire, dirent ils, il a moult belle contenance ; s'il ne fust
bien sage il n'eust sceu assembler pour argent
une telle compaignie. — Bien vray, dist le roy,
et si ne sçay que penser. Mais ce m'est chose
impossible à croire que le filz d'un bourgeois de
Paris puisse maintenir cest estat. Puis pic-
quoit et venoit parler à Jehan de Paris, qui
ne tenoit compte de luy que bien à point en
bonne forme. Si tenoit une moult belle gravité
et avoit une moult belle contenance. Quand ilz
furent prez d'un lieu nommé Artenay, Jean de
Paris dist au roy d'Angleterre, qui molt fort le
regardoit : Sire, s'il estoit vostre plaisir de
prendre en gré de venir souper avec moy, nous
ferons bonne chère. — Grant mercy, dist le roy,

mon amy. Mais je vous prie que vous veniez avecques moy, et deviserons des choses que avons veues. — Non feray, dist Jehan de Paris, je ne laisseroye pour rien mes gens. Et en parlant de beaucoup de choses chevaucherent tant qu'ils vindrent au lieu pour loger, là où il trouva ses fourriers, qu'ilz avoient acoustré le logis le plus somptueusement que l'on pourroit deviser. Car les cuisiniers et maistres d'hotelz alloient devant à cette fin que tout fut prest quand il seroit arrivé, ce que le roy d'Angleterre ne faisoit pas ; pour ce luy falloit prendre en gré ce qu'ilz trouvoit par les hostelleries, qui souvent estoient mal acoustrez ; quand ilz furent arrivez auprès de la ville, chascun s'en alla en son logis avec leur compaignie.

Comment le roy d'Angleterre s'en alla en son logis, et comment Jehan de Paris envoya de ses biens au souper.

uand Jehan de Paris si fust entré en son logis fust bien joyeulx, car il estoit moult bien acoustré et le souper prest, auquel il y avoit grant quantité de venaison et de volatilles de toutes sortes, car y avoit gens qui ne faisoient autre chose que d'aller à travers pays pour trouver et acheter tout ce qui leur estoit ne-

cessaire, de quoy riens ne leur failloit. Les genz
du roy d'Angleterre firent tuer beufz et mou-
tons, et des vieilles poulailles telles qu'ilz pouvoient trouver. Vous pouvez penser si elles estoient fort tendres. Quand il fut temps de souper,
Jehan de Paris fist porter au roy d'Angleterre
en granz platz d'or des viandes de toutes sortes
et vin à grand foyson, dont le roy et tous les
Angloys furent esbahys; le roy les mercia et
se assit à table pour souper, tandis que celle
viande estoit chaude, car son souper n'estoit
pas prest; grant parlement fist le roy à ses
gens de Jehan de Paris, et les uns disoient : Il
est bien fol de ainsi despendre son tresor, le
quel il est impossible qu'il luy puisse durer
longuement. Les autres disoient : par Dieu, si
a il une belle contenance et semble bien estre
sage homme.—Certes. dist l'autre, je m'esmerveille de la grant audace qu'il tient, car il ne
tient compte du roy non plus que de son pareil.
— Mais où a il si tost trouvé ceste provision,
dist le roy, comme il nous a envoyé, ne quelle
vaisselle a il? Vrayement, c'est une chose bien
dure à croire, qui ne le verroit; touteffois,
c'est ung beau passetemps que d'estre en sa
compaignie; pleust à Dieu que il voullist tirer
de nostre chemin.

—Certes, sire, dist un Angloys, si fait jusques
à Bordeaux, comme il dist. — J'en suis ioyeulx,

dist le roy ; nous n'avons rien que luy envoyer,
mais je veulx que vous soyez six qui le yrez
mercier des biens qu'il nous a envoyez, et
luy demanderez s'il veult venir coucher en
nostre logis, car je crois que avons le meilleur quartier. Si verrez son estat et façon de
faire.—Voluntiers, sire ; nous irons et nous en
sçaurons dire quelque chose, si leur plaist nous
laisser entrer. Et Jehan de Paris saluerons de
par vous, et sa noble compaignie.

Comment le roy d'Angleterre envoya six de
de ses barons devers Jehan de Paris le re-
mercier de ses biens qu'il luy avoit faict
et envoyez, et pour luy dire qu'il vint cou-
cher en son logis.

es barons du roy d'Angleterre s'en
allèrent au quartier de Jehan de
Paris, que ilz trouvèrent tout fos-
soyé et barré et des gardes à la
porte ; si furent tous esmerveillez et demandèrent aux gardes à qui ilz estoient. Et ils leur
repondirent : nous sommes à Jehan de Paris ;
et vous, à qui estes vous ?—Messeigneurs, nous
sommes au roy d'Angleterre, qui nous a envoyez devers Jehan de Paris pour le mercier
des biens qu'il luy a envoyez ; s'il vous plaist,
faictes nous parler à luy.—Voluntiers, dirent ils,
car il nous a commandé que aux Angloys ne

soit rien reffusé, pour ce qu'ilz sont venus en sa
compaignie. Les barons entrèrent tous esmerveillez de ce qu'ilz virent, et quand ilz furent
devant le logis de Jehan de Paris, ilz trouvèrent
autres gardes qui la porte gardoient, aux quelz
ils firent reverence et dirent la cause de leur
venue, et lors le capitaine de cette garde alla
sçavoir si les laisseroit entrer, et incontinent
qu'il fut revenu dist aux Anglois : Messeigneurs, nostre maistre est à table, mais ce nonobstant, il veult bien que vous entrez ; or vous
en venez aprez moy. Il se mist devant les barons aprez, et quand il entra dans la salle, il
se getta à genoulx ; aussi firent les Angloys
quand ilz veirent ung tel estat, et que Jehan
de Paris estoit à table tout seul et ses gens
autour de luy, et ceulx à qui il parloit met-
toyent le genoul à terre, si en furent esbahis.
La salle estoit toute tendue de riche tapisserie,
et le ciel et le parement bien tendu aussi :
Jehan de Paris festoya bien les Angloys et leur
fist bonne chère. Et en soupant devisa longuement avecques eulx, et quand il eut soupé et
graces furent dites instrumens de toutes sortes
commencèrent à sonner à grand melodie. L'on
mena souper les Angloys avec les barons de
France, et furent moult bien servis, et tout de
viandes chauldes. Si se esmerveilloient moult
de la grand largesse des biens qui y estoient

et de la grand quantité de vaisselle d'or et
d'argent qui y estoient; après souper, les Angloys prindrent congé et s'en retournèrent au
roy, auquel ilz comptèrent tout au long ce
qu'ilz avoient veu, dont il fust de plus en plus
esbahy. Si ne sçavoit que dire, mais que point
ne le laisseroit tant comme leur chemin voul-
droit tenir. Quand vint au matin, Jehan de
Paris alla à l'eglise, où on lui avoit fait tendre
un riche pavillon, puis fut commencée la messe
à beaux chantres qu'il menoit avec luy. Il y
eut des Angloys qui allèrent bien tost tout ra-
conter au roy, lequel vient le plus tost qu'il
peut à l'eglise. Jehan de Paris luy manda qu'il
vint en son pavillon; si l'allèrent querir et luy
dirent : Sire, Jehan de Paris vous prie que veniez en son pavillon, si serez mieulx à vostre
ayse. Le roy leur dist : Je iray voluntiers; et
quand le roy entra dedans le pavillon, il salua
Jehan de Paris, lequel luy rendit son salut et
luy feist place auprès de luy. Il faisoit beau
veoir le dict pavillon par dedans et les beaux
oreilliers qui y estoient. Aussi faisoit beau
veoir les ornemens de la chapelle; quand la
messe fust dicte, chascun print congé et vindrent en leur logis pour dejeuner. Jehan de
Paris envoya au roy d'Angleterre de la viande
toute chaulde, comme il avoit faict le soir.
Puis montèrent à cheval et chevauchèrent en

...e avez ... jusques à Bordeaux...
...eurs Jehan de Paris sont ses gens
...pornez et fournis de vivres, et à Dam-
...pes envoyoit au roy d'Angleterre, qui
...s'esmerveilloit tant elle passoit venir
...petites bourgades comme ilz faisoient
...affois [1].

...ent le roy d'Angleterre et Jehan de
...s chevauchoient ensemble et tenissient
...leur chemin.

...n jour qu'ilz chevauchoient par leur
Bordeaux, le roy d'Angleterre demanda a Jehan de Paris s'il vouloit
jusques a Espaigne, et Jehan de
...aris respondit que ouy. — Pleust à Dieu (dist le
roy) que vostre voyage s'adressat de venir jusques en Espaigne. — Certes, deist Jehan de Paris,
...l'adventure se fera il ; car si le vouloir m'en
...eans, je l'accomplirai s'il plaist a Dieu : car a
...tre chose ne suis-je subject apres Dieu, si-
...à mon vouloir ; car pour homme qui vive je
...feray que ma volunté. — C'est grand chose,
...dist le roy, et se vous vivez longuement, il fau...
...changer propos, ou sentirez que c'est de sou...
... Certes, dist Jehan de Paris, de ce n'ay-

[1]. Ce chapitre est conçu un peu différemment dans la
Bibliothèque bleue

je garde, car j'ay plus de biens que je n'en des-
pendray tout mon vivant et le train que je tiens.
Le roy regarda ses gens et dist en soymesmes
que cest homme n'avoit pas bon sens naturel,
et estoit tout esbahy et ne sçavoit que y penser. Mais tant y avoit que Jehan de Paris tenoit le roy le plus ayse que onc en sa vie eut
esté. Un jour il se mist à plouvoir.

*Comment Jehan de Paris et ses gens voyant
la pluie venir vestirent leurs manteaulx et
chaperons en gorge.*

uand Jehan de Paris et ses gens virent que la pluie venoit à force, ilz
prindrent leurs manteaulx et chaperons à gorge, et vindrent jusques au prez du roy, qui commença à les regarder en tel estat qu'ilz n'avoient garde de la
pluie. Le roy deist à Jehan de Paris : Mon amy,
vous et vos gens avez trouvé bons habillemens
contre la pluye et le mauvais temps. Car luy
ne ses gens n'avoient nulz manteaulx. Et alors
n'en usoient point en Angleterre, et aussi ne
sçavoient pas la maniere de les faire, et si portoient les Angloys leurs bonnes robes qu'ilz
avoient fait faire pour les nopces. Car en leur
pays n'estoit point nouvelles de porter malles
ne mener bahus. Parquoy vous pouvez penser

en quel point estoient leurs robes : les unes
estoient longues, les autres courtes, les autres
fourrées de martres de regnars et autres four-
rures qui estoient gastées. Lors Jehan de Paris
respondit au roy en ceste manière : Sire, vous
qui estes roy et grand seigneur, deussiez faire
porter à vos gens maisons pour eulx couvrir en
temps de pluye. Le roy, pour ses parolles, se
print fort à rire, et luy respondit : Pardieu, mon
amy, il fauldroit avoir des helephans grand
planté à porter tant de maisons. Puis se retira
devers ses barons, en disant en se riant : N'avez
vous pas bien ouy que ce gallant a dist? ne
monstre il pas qu'il est fol. Il luy est avis, pour
le grand tresor qu'il a, lequel il n'a pas acquis,
que riens ne lui est impossible. — Sire, dirent
les barons angloys, c'est un beau passetemps
que d'estre auprez de luy. Si ne vous en devez
point ennuyer, car il vous faict beaucoup de
plaisir, et si en passez plus joyeusement ce
pays ; pleust à Dieu qu'il voulsist aller avec vous
aux nopces, car tout vostre estat en seroit honoré, mais qu'il se voulsist dire à vous moyennant une bonne somme. — Je le vouldroye, dist
le roy ; mais s'il ne se disoit à nous ce nous seroit
une grande meprison, car peu priseroient les
dames nostre estat contre le sien. — Par Dieu,
dirent les barons, vous dictes vray. Si laissèrent
à tant le parlement les Angloys, car la pluye

les chargeoit tant qu'il n'y avoit celuy à qui le
logis ne luy tardast. Quand ilz furent en la
ville, chascun s'en alla loger au logis qui luy
estoit appareillé. Or Jehan de Paris envoyoit
tousjours au roy d'Angleterre de ses biens. Le
lendemain matin se partirent et s'en vindrent
loger à Bayonne, et se mirent aux champs, et en
chevauchant trouvèrent une rivière qui estoit
mauvaise, où il se noya plusieurs Angloys,
comme vous orrez [1].

Comment en passant par une petite rivière
beaucoup de gens du roy se noyèrent, et
comment Jehan de Paris et ses gens pas-
sèrent hardiment.

uand ilz furent arrivez prez la rivière, le roy d'Angleterre et ses
gens se mirent à passer à gué, et il
y en eut plus de soixante de noyez,
qui estoient mal montez, dont le roy fut fort
desplaisant. Et Jehan de Paris, qui venoit
après tout bellement, ne s'esbahissoit guères
de ceste rivière, car luy et sa noble compaignie
estoient bien montez, et quand ils furent à la rivière commencèrent à la passer les uns après les
autres, en telle manière que tous passèrent par

1. Ce chapitre est altéré dans la *Bibliothèque bleue.*

la volunté de Dieu, car la rivière estoit devenue
grosse, et avoit abattu le pont qui y estoit, parquoy il y avoit très grand danger ; mais à celle
foys garda Jan de Paris et ses gens d'estre
noyez. Le roy d'Angleterre estoit au bort de la
rivière, lamentant ses gens qu'il avoit perdus,
et regardoit comme Jan de Paris passoit. Il fut
esmerveillé de ce que personne de ses gens ne
demoura noyé en la rivière. Et quand ils furent
oultre, le roy commença à dire à Jan de Paris :
Mon amy, vous avez eu meilleur heur que moy
en ceste rivière, qui y ay perdu largement de
mes gens. Lors Jan de Paris se print à soubzrire,
qui luy dit : Je m'esmerveille de vous, qui estes
si puissant et riche, qui ne faictes porter un
pont pour passer vos gens. Quant ce vient aux
rivières par icy il leur est bien necessaire. Le
roy se print à soubzire, nonobstant sa perte,
et dit : Pardieu, vous me baillez de bonnes rai-
sons. Or sus, chevauchons, car je suis fort
mouillé, si vouldrois bien estre au logis. A-donc
luy dist Jan de Paris, comme celuy qui fai-
gnoit ne l'avoir point entendu : Sire, chas-
sons un peu par ce boys. En bonne foy, dist
le roy, je n'ay tallent de railler à ceste heure.
Si chevauchèrent tant qu'ilz arrivèrent chascun
en leur logis, là où tous les Angloys se lamen-
toient et se plaignoient de tous leurs parens et
amys qui estoient noyez en ceste rivière. Tou-

5

teffois, firent la meilleure chère qu'il leur fut possible, car il leur failloit aller aux nopces, qui fut
une partie d'oublier leur melancolie, et sejour-
nèrent deux ou trois iours. Quand ce vint un
autre jour, qu'ilz estoient aux champs et que
le roy avoit oublié une partie de sa melancolie
en chevauchant, il demanda à Jan de Paris :
Mon doulx amy, je vous prie, dictes le moy en
passant le temps, pour quelle cause venez en ce
pays d'Espaigne? — Vrayment, sire, dist Jehan
de Paris, je vous le diray voluntiers. Je vous dist
et asseure pour vray qu'il peut y avoir environ
quinze ans que feu mon père, à qui Dieu fasse
pardon, vint chasser en ce païs. Quand il s'en
partit il tendit un petit las à une cane, et je
me viens icy esbattre pour veoir si la cane
estoit prinse. — Ma foy, dist le roy en riant,
vous estes un grand chasseur, qui si loing venez
chercher vostre gibier. Par mon Dieu, se elle
estoit prinse, elle seroit pourrie et mengiée de
vers. — Vous ne sçavez, dist Jehan de Paris, car
les canes de ce pays ne ressemblent pas aux
vostres, car ceulx icy se gardent longuement.
Sans y penser de ceste response rirent les Angloys, qui n'entendoient pas à quelle fin il disoit, et dirent les aucuns qu'il estoit fol. Quand
ilz furent assez près de la cité de Burges, où
estoit le roy et la royne d'Espaigne, en laquelle
ville les noces se devoient faire, le roy alloit

disant à Jehan de Paris en ceste manière : Jean
de Paris, mon amy, si vous voulez venir avec
moy jusques à Burges, et vous avouer pour
moy, je vous donneray de l'argent largement,
et vous verrez une belle assemblée de dames et
de seigneurs. — Sire, dist Jehan de Paris, d'y
aller ne sçay que j'en feray, car ce sera selon
le vouloir qu'il m'en prendra. Mais quant est
de me advouer de vous et de vostre subjection, cela ne vous fault-il penser, car, par
mon Dieu, pour vostre royaulme ne le feroye,
ne vostre argent je n'en ay que faire, car j'en
ay plus que vous. Quant le roy se ouyt ainsi
refuser, il fut dolent, et eut bien voulu que
Jehan de Paris fut encore en France, doubtant
que s'il alloit à Burges, son estat n'en seroit pas
si prisé contre le sien. Si ne luy osa parler forz
qu'il luy dist : Par vostre foy, pensez vous point
venir ? — Par mon serment, respondit Jehan de
Paris, à l'adventure que je yray, à l'adventure
que non, selon que trouveray en moy. A tant
laissèrent leurs parolles. Mais le roy pensoit bien
qu'il y viendroit, dont s'esbahissoit, mais autre
semblant n'en osa faire. Le soir logèrent comme
ilz avoient acoustumé, et quand ce vint le lendemain au matin, Jehan de Paris dist au roy
qu'il ne l'attendit point, car il ne bougeroit d'illec
tout ce jour, et pour ce le roy se partit, et estoit
le jour d'un samedy, et les nopces devoient

estre lundi après ensuivant ; tant chevaucha le
roy que celuy jour arriva à Burges, que il fust
receu en grant honneur avec tous ses barons
et chevaliers.

Comment le roy d'Angleterre arriva à Bur-
ges, ou il fut honorablement receu.

nviron trois ou quatre heures du soir,
arriva le roy d'Angleterre à Burges,
où il fut bien receu, car il y avoit
une belle assemblée ; avec le roy
d'Espaigne estoit le roy de Portingal, le roy et
la royne de Navarre, plusieurs princes, barons,
dames et damoyselles sans nombre, qui tous
firent grant honneur au roy d'Angleterre ; mais
quand la fille du roy d'Espaigne l'eut bien veu
et regardé, elle n'en fust pas trop joyeuse, car
sage fille estoit. Si pensa elle que ce n'estoit
pas ce qui luy failloit. Touteffois, la chose estoit
si advancée que autre chose ne remède n'y pouvoit mettre, pour l'honneur de son père et mère
garder. Si laisserons un petit à parler d'eulx,
et retournerons à Jehan de Paris, qui chevauche
tout le dimanche comme le roy d'Angleterre,
jusques à deux lieues de la ville, car bien sçavoit le jour des nopces, et s'en vint loger en
une petite ville qui estoit à deux lieues de

Burges. Si envoya deux heraulx accompaignez
de cinq cens chevaliers au roy d'Espaigne luy
demander logis en la ville pour Jehan de Paris.

Comment les deux heraulx, quand ilz furent
près de la porte, laissèrent les cinq cens
chevaliers qui estoient venus avec eulx,
et n'entra en la ville que eulx et deux
serviteurs qui estoient habillez de mesme.

es deux heraulx estoient tous deux
vestus d'un riche drap d'or, montez
sur deux haquenées blanches, tant
richement acoustrez que merveilles.
Quand ilz furent près de la cité, ilz firent illec-
ques demourer leurs gens jusques à ce que ilz
furent retournez, et ne menèrent que chascun
un page qui estoit habillé d'un fin velours violet,
et estoient les acoustrements de leurs chevaux
de mesmes. Si s'en entrèrent dans la ville et
vindrent devers le palays du roy, et demandèrent à des gens qu'ils trouvèrent à la porte
où estoit le roy; et ilz leur demandèrent qui
ils estoient. Nous sommes à Jehan de Paris,
qui nous envoye icy pour dire au roy aucunes
choses par luy. On alla dire au roy d'Espaigne,
qui ja estoit à table et toute sa baronie, qu'il
estoit arrivé deux héraulx, les mieulx en point
qu'ilz eussent oncques veuz, et se disent ser-

viteurs d'ung nommé Jehan de Paris, qui les
envoye par devers vous. Que vous plait-il, sire,
que on leur dise ? Le roy leur dist : Entretenez
les et leur faictes bonne chère jusques à ce que
nous aurons souppé, et puis parlerons à eulx.

Comment le roy d'Angleterre, qui avoit ouy
les messagiers passer, commença à ra-
compter les faicts de Jehan de Paris, dont
il fut ris tout du long du soupper.

ependant le roy d'Angleterre, qui
bien congneut que Jehan de Paris
vouloit venir à la feste, commença
à parler en ceste manière : Mon
très chier seigneur, je vous prie que aux heraulx donnez bonne response, car vous verrez
grand merveilles. Et cuide bien sçavoir que
leur maistre demande. — Et qui est ce Jehan de
Paris, dist le roy d'Arragon ? — Sire, dist-il,
c'est le filz d'un moult riche bourgeoys de Paris,
et maine le plus beau train que oncques homme
mena, pour tant de gens qu'il maine. — Et combien en y a il ? — Le roy d'Angleterre dist : Deux
à trois cens chevaulx, et les plus belles gens et les
mieulx acoustrez que vous veistes oncques, à
mon advis. — Par Dieu, se dist le roy d'Arragon,
ce seroit une merveilleuse chose si ung simple
bourgeois de Paris pouvoit maintenir en tel

estat si longuement comme venir jusques icy.
— Comment, se dist le roy d'Angleterre, de la
vaisselle d'or et d'argent de quoy il est seulement servy est assez pour achepter un royaulme,
car je vous affie que il semble mieulx songe ou
fantaisie que autre chose. Lors dist le roy d'Arragon : Il le feroit bon veoir. Si vous prions que,
quelque chose qu'il doibve couster, nous le
voyons. — Certes, dist le roy d'Angleterre, il
est plus fort à contenter en faict d'honneur que
vous vistes oncques, et si vous dis qu'il ne prise
honneur royal non plus que le sien ; autrement
il est bien doux et fort communicatif ; mais,
certes, bien vous diray je plus, car il me semble,
quelle belle manière qu'il aye, il tient un quartier de la lune, car il dit des motz aucunesfois
qui n'ont ne chef ne queue, autrement on le
jugeroit pour sage homme. — Et qu'est-ce qu'il
dit, beau-filz, dist le roy d'Espaigne ? — Par ma
foy, monseigneur, dist le roy d'Angleterre, je
vous diray : ung jour, comme nous chevauchions
ensemble, il plouvoit très fort ; luy et ses gens
avoient prins certains habillemens qu'ilz faisoient porter à certains chevaulx, qui moult bien
les gardoient de la pluye. Je luy dis qu'il estoit
bien en point contre la pluye. Il me dist que
moy, qui estoye roy, devois faire porter à mes
gens maisons pour les garder de la pluye. De
ce mot tous se preindent à rire. — Or, messei-

gneurs, dist le roy de Portingal, il ne fault pas
mocquer des gens en leur absence. Je ne crois
point qu'il ne soit un saige homme, si peut
trouver manière de conduire une telle compaignie si loing. Ce n'est pas vraysemblable que
ce soit sans grans sens et entendement. A ces
parolles du roy de Portingal donnèrent grant
foy les seigneurs et dames, car fort sage estoit.
— Encores n'avez-vous riens ouy, dist le roy
d'Angleterre. Je vous en diray deux les plus
nouvelles que ouytes oncques. Un jour à passer
une rivière plusieurs de mes gens furent noyez
par l'eaue qui moult roide couroit : puis estant
hors du rivage et comme je regardoye la rivière,
vint à moy pour me bien consoler ; il me va
dire : Sire, vous qui estes ung puissant roy,
vous deussiez faire mener avec vous un pont
pour faire passer vos gens les rivières, afin
qu'ilz ne se noyassent. Quant il eut dist cela, ilz
commencèrent a rire par la salle, si que c'estoit
merveilles. Si dura longuement devant que
d'estre appaisé. La fille du roy d'Espaigne, qui
tout ce escoutoit, luy va dire : Mon cher seigneur
et amy, je vous prie, dictes nous l'autre qu'il
vous a dict. — Certes, dit-il, ma mye, voluntiers.
L'autre, ainsi que chevauchions ensemble, je
luy demanday, pour passer le temps, qui estoit
la cause pourquoy il venoit en ce pays. Il me
respondit qu'il y avoit environ quinze ans que

son père estoit venu en ce pays, et à son re-
tour avoit tendu un las à une cane, et venoit
maintenant veoir si la cane estoit prise. Quant
on ouyt ces parolles, le roy rit plus que devant.
Et tellement fist durer le roy d'Angleterre ce
qu'il recitoit de Jehan de Paris que le soupper
fut parachevé. Quant les tables furent levées et
graces dictes, le roy d'Espaigne envoya querir
les heraulx de Jehan de Paris, lesquelz estoient
beaulx hommes et accoustrez de mesme, puis
les fist venir devant toute la compagnie, lesquelz entrèrent en la salle moult hardiment et
saluèrent le roy et la compaignie très honorablement comme vous orrez.

Comment les heraulx de Jehan de Paris en-
trèrent en la salle où estoit le roy d'Es-
paigne, accompagnés de plusieurs roys,
barons et chevaliers, pour demander logis
au roy pour leur maistre.

ire roy d'Espaigne, Jehan de Paris,
nostre maistre, vous salue et toute
la compaignie. Si vous prie qu'il
vous plaise luy faire delivrer logis
competant pour luy et ses gens en ung·quar-
tier de ceste ville à part, et il vous viendra
veoir et les dames; autrement il ne viendra
poinct.—En bonne foy, mes amys, dist le roy,

pour logis ne demourra pas, car assez luy en feray bailler.—Sire, dirent les heraulx, s'il vous plaisoit à ceste heure le nous faire delivrer, pour veoir se y pourroit loger?—Je le veulx bien, dist le roy d'Espaigne. Si leur bailla un sien maistre d'hostel et leur dist : Or, allez de par Dieu, mes amys, et s'il vous plaist et avez affaire de quelque chose, demandez le et je vous le feray delivrer. — Grandz mercis, sire, dirent les hé-raulx. Si s'en allèrent par la cité, et leur vou-loient bailler logis pour trois cens chevaulx; mais ilz n'en tindrent compte, et furent ramenez devant le roy, qui leur demanda s'ilz avoient assez de logis. Par Dieu, sire, nenny, car il nous en faut bien dix fois autant avant que nostre maistre et ses gens puissent loger. — Comment, dist le roy, avez vous à loger plus de trois cens chevaulx? Ouy, sire, plus de dix mille, ou il ne viendra point icy. Il nous faudra avoir depuis la grand eglise jusqu'au bas et à la porte.—Comment, dist le roy, ce est plus que le quart de la cité. Sire, nous ne pouvons à moins, comme vous verrez demain. — Et, par Dieu, si l'aurez demain de bon matin; car les dames desirent moult à veoir vostre maistre. Si ferons tantost desloger ceux qui y sont logez, et de-main au matin le trouverez prest. A tant prein-drent congé du roy et luy dirent qu'ilz yroient querir les fourriers pour faire le logis bien matin.

— Or, allez sceurement, dist le roy, car il n'y aura point de faulte, et me recommandez à vostre maistre. Grand parlement fut tenu celle nuict de Jean de Paris, et leur tardoit le lendemain matin pour le voir. Si laisserons à parler d'eulx et dirons des heraulx, qui sortirent de la cité, vindrent vers leurs cinq cens chevaulx et hommes qu'ilz avoient laissés, dirent les nouvelles qu'ilz avoient eues, qu'ilz ne cessèrent la nuict d'eulx acoustrer le plus honnestement qu'ilz peurent pour le lendemain.

Comment les heraulx vindrent devers Jan de Paris luy dire la reponse que le roy d'Espaigne leur avoit faicte.

es heraulx chevaucherent toute nuit pour aller faire leur response à Jan de Paris, de ce qu'ilz avoient faict et besongné avec le roy d'Espaigne. Si firent tant qu'ilz arriverent devant Jan de Paris et luy conterent au long ce qu'ilz avoient fait; de la grand beaulté de la pucelle, qui moult pleust à Jan de Paris. Si les fist retourner cincq pour aller conduire les premiers huit cens pour faire les logis. Puis apella tous ses princes et barons, et leur pria que bien gardassent ses commandemens selon la forme et manière qu'il avoit deliberé tenir. Si ne fault

pas demander si chascun avoit grant desir de
le bien servir et honorer, car à autre chose ne
tachoient qu'à faire chose qui lui fust agreable.
Quant vint au matin, que les seigneurs et dames
qui aux nopces estoient venus, et mesmement
la fille d'Espaigne, si se levèrent matin de paour
qu'ilz avoient que point ne vissent arriver Jan
de Paris. Si firent clore tous les sentiers et
rues de la ville, affin que Jan de Paris ne peult
passer par autre lieu que devant le palays. Et
cependant qu'ilz en parloient, voici arriver les
deux heraulx avec les deux pages, au point que
devant avez ouy; puis venoient les cinq cens
fourriers après en tel point. Si coururent les
nouvelles au palays que c'estoit Jan de Paris
qui venoit. Incontinent qu'ilz ouyrent ces nouvelles, vous eussiez veus venir gens à si grandz
flots que c'estoit merveilles; et quand les
fourriers commençoient à approcher du palays,
ainsi qu'ilz passoient, le roy, fort curieux de
sçavoir si Jan de Paris estoit en cette compagnie, s'avança pour parler à eulx comme vous
orrez.

Comment les fourriers passèrent par devant
le palays du roy d'Espaigne, lequel leur
dist qu'ilz fussent les tres bien venuz.

e roy d'Espaigne leur dist : Messeigneurs, vous soyez les tresbien
venuz; dictes-nous s'il vous plaist
lequel est Jehan de Paris, affin de
le cognoistre. — Sire, dist l'ung d'eulx, il n'est
pas en ceste compaignie. — Qui estes-vous donc,
dist le roy. — Nous sommes, dirent-ils, les fourriers qui lui venons faire ses logis. Quand les
princes et dames qui là estoient ouyrent cette
responce et virent telle assemblée de fourriers,
ilz en furent tous esbahys. Sire, dist le roy
d'Espaigne au roy d'Angleterre, comment,
beau filz, vous disiez qu'il n'avoit que environ
trois cens chevaulx, et il en y a passé plus de
cinq cens, et si ne viendra pas sans belle compagnie. — Par mon serment, dist la fille, voilà
de belles gens et bien en poinct. Certes, bien
devez festoyer leur seigneur, qui nous vient
faire si grant honneur de venir à nos nopces, car
toute la feste en sera honorée. — Vrayement,
ma fille, vous dictes verité. Si envoyerai devers
ses gens qui sont venuz, pour le faire fournir
de linge et vaisselle, et tapisserie, et tout ce
qu'il luy sera necessaire. Si apella son maistre

d'hostel et luy dist : allez au quartier qu'avez
delivré à ses gens, et leur faictes bailler tout
ce qu'il leur fauldra. Le maistre d'hostel y alla
et les trouva tous embesognés : les uns faisoient
barrières, les autres rompoient maisons pour
passer de l'une en l'autre, les aultres esten-
doient la tapisserie ; il sembloit que ce fut un
monde. Quand le maistre d'hostel vit ceci, il
en fut esbahy ; toutesfois il fist son message,
et leur dist : je viens icy pour vous dire que
ce qu'il vous fauldra, soit vaisselle ou tapisserie, je vous les feray delivrer. Si respondit un
des heraulx : Grands mercys au roy et à vous ;
certes il ne nous fault rien, car les chariots
arriveront tantost ceux qui aportent les usten-
cilles, et dictes au roy que s'il estoit enserré
de tapisserie, vaisselle d'or et d'argent, nous
en avons assez pour nous et pour luy ; si luy
en fault, pour ce qu'il a grand seigneurie estrange, comme l'on dist, venez le nous tantost
dire, et nous ferons arrester devant son palays
dix ou douze chariotz chargez qui bien le four-
niront.—Grand mercy, dist le maistre d'hostel,
et à tant s'en part tout esmerveillé, et s'en vint
au roy devant la baronie et les dames qui
moult bien escoutoient. Moult s'esmerveilloient
les barons et les dames du raport que faict
avoit le maistre d'hostel. Si ne parloient par le
palays que de Jan de Paris, duquel la venue

leur tardoit beaucoup. Le roy fist chanter la
messe, et tous les princes, seigneurs et dames
l'allerent ouyr ; et quand vint vers la fin de la
messe, voicy venir un escuyer courant qui
vient dire : venez veoir arriver celuy Jan de
Paris ; hastez-vous bientost. Les roys prindrent
les dames chascun en son endroit ; si s'en vindrent tous aux fenetres du palays ; les autres
sortirent hors en la rue pour mieulx veoir.

Comment les conducteurs des chariots de
Jan de Paris vindrent en belle ordon-
nance, et après eulx les chariots de la
tapisserie.

eux cens hommes d'armes arriverent bien en point, armez et bar-
dez comme le cas requiert, et alloient deux trompettes devant et
deux tambourins de suisse à un fifre, et estoient montez ces gens sur bons coursiers, qu'ilz
vous faisoient saillir et faire pennades que c'estoit une triumphe à les regarder, et venoient
deux à deux en fort belle ordonnance. Le roy
d'Espaigne demanda au roy d'Angleterre qui
estoient ces gens. Sire, dist le roy d'Angleterre, je n'en sçay riens, car point ne les ay
veuz en voyage. Et lors le roy de Navarre, qui
tenoit la pucelle par la main, cria par la fe-

nestre : Qui estes vous, messeigneurs ? — Nous
sommes les conducteurs des chariotz de Jean
de Paris, qui icy viennent après nous. — Hé !
Vierge Marie, dist la pucelle, que voila ung
estat triumphant pour le filz d'ung bourgeois
de Paris. — Pensez vous, belle sœur, dist le roy
de Navarre, que j'en suis estonné ; par mon
Dieu, il me semble mieulx estre un songe que
autre chose. Ainsi comme ilz parloient ensemble , voici apparoistre les chariots de la
tapisserie à tous grandz coursiers, et à chascun
chariot huyct coursiers richement enharnachez ,
et y avoit vingt cinq chariots tous couverts de
velours sur velours, voire fort riche. Quand les
dames virent ces beaux chariots , elles furent
toutes ravies , et tous les seigneurs et barons
aussi. Helas ! dist la pucelle, nous ne le verrons
point, car il doit etre dedans ces beaulx et
riches chariotz. Et lors le roy de Navarre es-
cria à ceulx qui les chevaulx des chariots con-
duisoient, car chascun avoit deux hommes à
pied pour mieulx gouverner les dicts chevaux,
qui moult fiers et puissans estoient : Dictes,
mes amys, qu'est ce dedans ces beaux chariotz ?
— Monseigneur, respondit celuy, tous les cou-
vers de verd sont les chariotz de la tapisserie et
linge. Moult furent esmerveillez tous quand ilz
ouyrent celle response. — Ha ! mon amy, dist la
pucelle au roy d'Angleterre, vous ne nous avez

pas tout dict ce que vous sçaviez de Jan de
Paris. —Pardieu, ma mye, respondit le roy, je
n'en avois veu sinon ce que j'en avoye dict.
Si suis moult esbahy que ce peult estre. Ainsi
comme ilz parloient les ditz chariotz acheve-
rent de passer.

Comment vingt cinq autres chariotz entrè-
rent, qui portoient les ustensilles de la
cuysine.

près les premiers chariotz en aper-
çurent autres xxv à gros coursiers
comme les autres, mais les chariotz
n'estoient couvertz que de grans
pans de cuirs rouges. Et tantost le roi de Portingal demanda : Dictes, messeigneurs, quelz
chariotz sont ce là ; à qui sont ilz? —Ce sont,
firent-ilz, les chariotz de la cuisine de Jan de
Paris. —Par Dieu, dist le roy, je me tiendrois
bien honoré d'en avoir demi douzaine de telz.
Pareillement dirent les aultres roys. — Hée!
douce Vierge Marie, dist la royne d'Arragon,
qui est celuy qui peut mener ne entretenir une
telle triumphe, et ne le verrons-nous pas?
Ainsi comme ils devisoient, on leur vint dire
que le disner estoit prest. Helas! pour Dieu,
dirent les dames, ne parlez plus de cela, car
il n'est pas plaisir que de voir innumerables

richesses. Quand les ditz chariotz furent passez, en arriva xxv autres couvertz de damas
bleu et les coursiers enharnachez de mesme,
comme vous orrez.

Comment il entra en la ville vingt cinq
autres charriotz couvertz de damas bleu
qui portoient les robes de Jan de Paris.

egardez , dist la pucelle, voicy venir
autres charriotz encores plus riches
que les autres. Et quant ilz furent
près, on demanda à ceulx qui les
menoient à qui estoient les dictz chariotz; ilz
repondirent : Ce sont les charriotz de la garde
robe de Jan de Paris. — O Royne des cieulx !
quelz habillemens peult il avoir ceans? qui se
pourroit ennuyer de regarder cecy ? Puis cria
elle-même à la fenestre : Dictes moy, mon amy,
combien y en a il de la garde-robe? Et il luy
repondit que xxv. — Par Dieu ! dist le roy, voilà
assez de richesses pour achepter tous noz
royaulmes. Grant bruit estoit par toute la cité,
en especial au palays, de la venue de cest
homme , car les chevaulx hanissoient et menoient tel bruit que c'estoit merveilles. Le roy
d'Angleterre estoit tant estonné de veoir ce
qu'il veoit, et d'ouyr les rapors qu'on faisoit
par la cité de cestuy homme, car de luy on ne

faisoit plus d'estime, mesmement, que pis estoit,
n'avoit loisir ne espace de parler, ne jouir avec
sa fiancée, comme il desiroit, dont il estoit fort
marry. Toutesfois, pour abréger la matière, ces
xxv chariotz furent passez. Tantost vindrent
les autres xxv chariotz, tous couverts d'un
velours sur velours cramoisy broché d'or,
moult riche frange d'or de Cyprel; si reluisoit
contre le soleil à merveilles. Quand on les vit
approcher, chacun s'avança pour regarder, les
seigneurs et dames comme le populaire.

Comment les chariotz de la vaisselle de Jehan de Paris entrèrent.

 ertes, dist la pucelle, je crois que
Dieu de paradis doit arriver à ceste
heure. Est il homme mortel qui
puisse tel noblesse assembler.—Par
Dieu, respondit le roy de Navarre, si l'on m'eust
dit que c'eust esté le roy de France, je ne m'en
fusse point esmerveillé, car c'est un beau
royaulme; mais de cestuy bourgeois je ne
sçay que penser, et suis si estonné que je ne
sçay où je suis. — Comment, dist la pucelle,
vous semble il que le roy de France pourroit
bien autant faire comme cestuy.— Certes, ma
doulce seur, je crois que oui, quand il auroit
bien entreprins. — Sur ma foy, dist la pucelle,

c'est une merveilleuse besongne. Il me tarde
fort que je ne le voys, pour sçavoir s'il est
homme comme les autres. Tant parlèrent que
les xxv chariotz passèrent, fors ung, auquel le
roy demanda : Dictes, mon amy, qu'y a il en ces
chariotz couverts de cramoisy? — Sire, dist il,
c'est la vaisselle et bahus de Jehan de Paris.
Et incontinent après arriva deux cens hommes
d'armes et tout en point comme pour combattre,
et venoient quatre à quatre en moult belle ordonnance sans bruict. Le roy d'Espaigne appella le premier qui portoit un panon en sa
lame et luy dist : Messeigneurs, Jehan de Paris
est il en ceste compaignie? — Sire, dist celuy,
nenny. Il ne viendra encore de deux heures,
car luy et ses principaulx disnoient aux champs ;
mais nous sommes commis pour la garde de ses
xxv chariotz qui sont icy devant. Quand les
chariots et les deux cens hommes d'armes eurent
passez, le roy dist qu'on allast disner cependant,
mais les dames luy firent requestes qu'il laissat
bonnes gardes à la porte pour veoir quand il
viendroit, car elles disoient : Tous ses gens sont
passez, si n'en maine pas guère avec luy ; si ne
le verrons point arriver.—Ne vous en souciez,
dist le roy, car j'en seroye plus marry que vous.
Si y mettray si bonne garde que bien en sçaurons les nouvelles. Adonc s'en allèrent disner,
mais ne fut parlé en la table que des grans mer-

veilles qu'ilz avoient veu, dont le roy estoit si
estonné si ne pouvoit faire bonne chère. La
royne d'Espaigne l'entretenoit au mieulx qu'elle
pouvoit. Quand ils eurent disné et graces dictes,
commencèrent à deviser des noces. Mais voicy
venir deulx nobles escuyers qui dirent : Venez
veoir la plus belle compaignie que oncques ne
fut veue. Lors saillirent les roys, avec les dames,
barons et chevaliers, tenant chascun une damoyselle par la main, selon leurs degrez, et s'en
vindrent les ungs aux fenestres, les autres en
plaine rue, qui tant estoit plaine de peuple que
c'estoit merveille.

Comment les archers de la garde de Jehan de Paris entrèrent en grunt triomphe et honneur.

 antost arrivèrent six clerons moult
bien empoint, qui sonnoient si me-
lodieusement que c'estoit une belle
chose à ouyr ; puis venoit un homme
d'arme sur un grand coursier bardé saillant qui
portoit l'enseigne, et après luy venoit deux
mille archiers bien empoint, et avoient tous des
hocquetons d'orfaverie qui reluisoient contre le
soleil, qui fort beau estoit. Le roy d'Espaigne
demanda à celuy qui l'enseigne portoit si Jean
de Paris estoit illec. Il luy respondit : Nenny ; ce

sont les archers de sa garde. — Comment, dist le
roy, m'appelez vous cecy archers, qui tous sem-
blent estre grans seigneurs? — Par Dieu, dist le
capitaine, vous direz bien autre chose avant
qu'il soit arrivé. Si passa outre menant ses gens
le petit pas, deux à deux, en belle ordonnance.
Il ne fault pas regarder comment ils estoient
regardés des hommes et femmes. Si n'eussiez
ouy un seul mot sonner, tant estoient reclins à
regarder les merveilles qui venoient; à tant
vint ung des heraulx de Jehan de Paris demander au roy la clef d'une eglise pour y ouyr
vespres, car Jan de Paris les vouloit ouyr ce
jour, pour ce qu'il estoit dimanche. Le roy luy
dist : Vous aurez tout ce que vous pourrez demander, mais je vous prie que si bonnement
pourrez icy demourer pour nous monstrer Jan
de Paris, que demourrez. — Je ne puis, dist le
heraulx; mais je vous laisseray mon page, qui
vous le monstrera; il ne viendra pas encore,
car trop y a de ses gens d'armes à venir, qui
entreront premier que luy. Si s'en alla et
commanda à son page que tout leur monstrast.
La pucelle appela le page, qui bien estoit aprins,
et luy demanda son nom. Il luy dist que Gabriel
s'appeloit. — Or, Gabriel, dist elle, je vous prie
que point ne vous departez de moy, et vecy cest
anneau que je vous donne. — Grant mercy,
dame, dist le page. — Helas, mon amy Gabriel,

viendra encores Jan de Paris?—Ma damoyselle,
dist il, non, car il y a à venir premièrement ses
gens d'armes.—Et comment, dist elle, ne sont ce
pas iceulx qui passent?—Nenny, dist le page,
ce ne sont que ses archers de l'avant garde, qui
sont deux mille, et autant de l'arrière garde; je
ne scay s'ilz viendront avec les hommes d'armes
ou pas. Le roy et toutes les damoyselles escoutoient bien le page, dont ilz estoient tout esba-
hiz. Adonc dist le roy d'Arragon : Et comment !
va il faire guerres à quelque grant prince, qu'il
maine tant de gens d'armes? — Certes, dist le
page, nenny, car ce n'est que son ordinaire et
son estat de tous les jours.—Par mon serment,
dist le roy, c'est la plus estrange chose dont
jamais j'ouisse parler.

Comment il entra six autres clairons qui
menoient les autres archers de l'arrière-
garde de Jehan de Paris.

lors vindrent autres six clerons,
comme les autres de leur capitaine
devant, qui gardoient les autres deux
mille. Par Dieu, dist le roy d'Angleterre, je crois que ces gens entrent par une
porte et sortent par l'autre pour nous faire ainsi
muser. — Vrayment, dist le roy de Portingal,
ce seroit finement faict; si envoya deux barons

au quartier de Jan de Paris, qui allerent tout
visiter, et quand ilz furent retournez ilz vindrent
dire ce qu'ilz avoient veu. Touß furent espou-
vantés, car tous ceux, comme ilz disoient, ainsi
qu'ilz arrivoient on prenoit leurs chevaulx et
se mettoient en belle bataille, et moult fière ordonnance ; et vous dis bien, se dist celuy qui
faisoit le rapport, se vous prenez tant soit peu
de noise à eulx, ilz sont gens pour outrager
tant que vous estes. Si n'a pas bien esté regardé de mettre tant de gens en ceste ville.
— Par Dieu, dist le page, qui là estoit, lequel
estoit duyt à entretenir dames et seigneurs, car
autrement n'eut eu la charge de demourer en
ce lieu, il ne vous fault riens doubter, car ils
viennent icy pour nul mal vous faire, ne tant y
a que, quant vous luy feriez refus, s'il se cour-
rouçoit contre vous, vostre cité ne vous sçauroit
garantir. — Or vrayment, dist le roy d'Espaigne,
il soit le très bien venu, car grant honneur nous
faict. Ce pendant passèrent les autres deux mille
archiers, qui moult furent regardez de chascun[1].

---

1. Ce chapitre est altéré dans la *Bibliothèque bleue*.

*Comment le maistre d'hostel de Jehan de
Paris entra honorablement avec les cent
pages d'honneur* [1].

près que les archiers eurent passé,
arriva ung bel homme, grant et bien
formé, qui estoit vestu de drap d'or,
à tout un baton en sa main, sur
une belle hacquenée grise, et après luy venoient
les cent pages d'honneur de Jehan de Paris,
vestuz de velours cramoisy et les pourpoints de
satin broché d'or, fort richement montez sur
chevaulx grisons enharnachez de velours cramoisy, comme les robes des papes, semé d'orfaverie bien espesse. Si venoient leur petit train
bien arrangez deux à deux, et les faisoit beau
veoir, car ilz avoient estez choisis à l'elite, et
les cheveulx aussi blondz que fin or qui leur
batoient jusques sur leurs epaules. Si estoient
bien dignes d'estre regardez, et aussi estoient
ils de plusieurs en maintes manières; la pucelle
cuydoit de vray que celuy qui alloit devant ces
pages fut Jehan de Paris; si se leva debout pour
le cuyder saluer, et aussi firent plusieurs barons
et dames; mais le page, qui beaucoup sçavoit,
s'en aperceut et dist : Madamoyselle, ne vous

1. Ce chapitre manque dans la plupart des éditions de la
Bibliothèque bleue.

bougez jusques à ce que je vous diray, car
celuy que vous voyez là est le maistre d'hostel
de mon maistre, qui est ceste sepmaine en
ceste office ; et sachez, ma dame, qu'ilz sont
quatre qui servent par sepmaine ; et après luy
maine les pages d'honneur. Si va veoir comme
les logis sont aprestiez.

Comment une belle compaignie des gens de Paris entrèrent avec les trompettes [1].

oicy arriver une belle compaignie
avec les trompettes, lesquelles furent tantost ouyes de ceux de la
cité. Si estoient couvertes d'orfaveries, et leurs chevaulx aussi, jusques à terre,
et estoient douze trompettes. Après venoit le
capitaine, qui portoit une banière de taffetas
bleu, et n'y avoit nulles armes, de paour d'estre
congneu ; si estoit monté sur un beau cheval
tout couvert de damas violet semé d'orfaverie,
et estoit habillé de la meme couleur. Si le
cheval estoit fier, aussi estoit le maistre qui
dessus estoit, et après luy venoit mille cinq
cens hommes d'armes montez et habillez richement. Le page montroit aux roys et dames
toute l'ordonnance, dont fort s'esmerveilloient,

---

1. Ce chapitre manque dans la *Bibliothèque bleue.*

et disoient tous qu'il estoit pour subjuger le
demourant du monde.

*Comment un chevalier qui portoit une espée
dont le fourreau estoit couvert d'orfaverie de pierres précieuses entra en grand
triumphe.*

t quand les hommes d'armes furent
passez, vint un chevalier vestu de
drap d'or semé au rebras de perles
et pierres, qui chevauchoit un grand
coursier couvert de mesme , si non que la
housse estoit de violet. La robe du dict chevalier trainoit plus bas que la housse du cheval,
et estoit fourré d'ermines. Cestuy portoit en sa
main une epée dedans le fourreau, et estoit le
fourreau couvert d'orfaveries et riches pierres.
Lors le page cria tant qu'il fut ouy des seigneurs et dames du palays, en disant : Or, ma
damoyselle, veez là celuy qui porte l'espée de
Jan de Paris.—Certes, il sera icy maintenant.
Helas, mon amy, regardez bien, affin que nous
le monstrez de bonne heure.—Si feray-je, dist
le page. Bientost après voici venir six cens
hommes montez sur grisons tout d'ung poil et
de semblables harnois, tous semez d'orfaverie
tout au long des bors, tant que c'estoit belle
chose de les veoir. Car pardessus les croupes

des chevaulx avoit grosses crampanes d'argent
qui estoient attachées à grosses chaines d'argent toutes dorées, et les seigneurs qui estoient
montez dessus estoient tant beaux qu'ilz res-
sembloient proprement anges, et si estoient
vestuz d'ung riche velours cramoisy comme les
paiges qui estoient passez devant. Si venoient
deux à deux en belle ordonnance. Le page veit
venir Jan de Paris; si appela la pucelle en disant : Or sus, ma damoyselle, je me voys acquerir envers vous, car je vous monstreraï le
plus chrestien et le plus noble que vous vistes
oncques, c'est Jan de Paris.

Comment Jan de Paris arriva en la cité de Burges en grant triumphe.

lors, ma damoiselle, regardez là
en bas, celuy qui porte un petit
baton blanc en sa main et ung collier d'or au col; regardez comme
il est beau personnage et gracieulx. L'or de
son collier ne luy change point; il l'a couleur
de ses cheveulx. La pucelle fut moult joyeulse
des parolles que le page luy disoit. Si arriva
Jan de Paris moult richement habillé ; à l'entour de luy avoit six laquetz, trois de ça et trois
de là, habillez tous de drap d'or. Quand la pucelle l'eut apperceu, incontinent elle devint si

rouge qu'il sembloit que le feu luy sortit du
visage. Si fut toute ravie, et le roy de Navarre,
qui bien l'aperceut, luy serra la main; si tint la
meilleure contenance qui à elle fut possible, et
quand Jan de Paris fut au droit d'elle assez
près, elle luy tendit un couvrechief de Plaisance
qu'elle avoit en sa main, en le saluant doulcement. Et quand Jehan de Paris la vit si belle,
il fut feru de ung dart d'amours, comme vous,
autres amoureux sçavez bien; si print le cou-
vrechef, puis fit la reverence et mercya la damoyselle. Si passa oultre, et ses gens après luy.
Le roy d'Espagne fut joyeulx du beau recueil
que la pucelle luy avoit faict, sans estre de nul
avertie, et disoient tous que moult honestement
avoit fait la pucelle, et encore mieulx le jou-
vencel; mais de ce n'estoit pas trop joyeulx le
roy d'Angleterre, car en son cueur pensoit que
ce luy pourroit tourner à quelque dommage
et deshonneur. Nonobstant, force luy fut de
prendre en patience et faire la meilleure contenance qu'il luy estoit possible pour son honneur sauver.

Comment cinq cens hommes d'armes de l'ar-
rière garde entrèrent en moult belle or-
donnance.

ors, quand Jehan de Paris fut entré
comme avez ouy, arrivèrent les
cinq cens hommes d'armes de l'ar-
riere garde, qui estoient demourez
derrière pour scavoir si Jan de Paris auroit
nulle affaire. Si furent fort esbahis les seigneurs
et dames de veoir tant de gens, et dist la pucelle: Et Dieu de paradis! y a il encores des
gens d'armes? Madame, dist le page, l'arrière
garde de nostre maistre, qui sont cinq cens
de mesmes à ceulx qui sont passez devant. —
Par mon serment, dit le roy de Navarre, il feroit
mal prendre noise à un tel homme. Je croy
que au demourant du monde n'a point autant
de richesse que aujourd'huy en avons veu.
Avant que tout fut passé, sus trois ou quatr
heures après midy, les dames vindrent devant
le roy, luy requerir que son plaisir fut d'envoyer querir Jan de Paris, et le roy leur promit
qu'il y enverroit. Si appella le conte de Quarion
et un de ses gens.

Comment le conte de Quarion et son compaignon allerent de vers Jan de Paris.

 e roy d'Espaigne apella le comte de
Quarion et un autre de ses barons :
Allez vous en devers Jan de Paris
et le saluez de par moy, et lui dictes
que moy et les dames le prions que son plaisir
soit de venir en nostre palays pour commencer
la feste. Tantost partit le comte avec sa compagnie pour aller faire son message. Et quant
ilz arriverent au quartier de Jan de Paris, ilz
trouverent les rues toutes fossoyées et fortifiées,
avec bonnes barrieres et gens d'armes à moult
grand nombre qui les gardoient, tous en points
comme pour combattre. Si trouverent les gardes
de la premiere barriere, qui leur demanderent à
qui ilz estoient. Nous sommes, deist le comte, au
roy d'Espaigne, qui nous envoye à Jan de Paris.
N'y a il ici duc ne conte ? — Ouy, certes, dist le
conte de Quarion. Or entrez donc avec vostre
compaignie. Lors entrerent. Si virent les rues
tendues de riches tapisseries, et quant ilz furent
devant le logis de Jan de Paris, ilz trouverent
grant compagnie de gens d'armes qui avoient
haches en leurs mains comme pour combattre,
et estoit le capitaine devant la porte du logis
en moult riche estat. Le comte de Quarion lui

demanda s'il pourroit parler à Jehan de Paris.
— Et qui estes vous? dist le capitaine. Je suis le
comte de Quarion, à qui le roy d'Espaigne a
donné charge de venir parler à Jehan de Paris.
— Or me suyvez, dist il, avec voz gens. Après ce
qu'ilz furent entrez en la premiere salle, qui
fort grande estoit, tapissée le dessus et les costés
d'ung drap d'or à haulte liesse à grandz personnes de la destruction de Troye, quand ilz
eurent une pièce regardé, vint le dit capitaine
qui leur dist: Attendez encores un peu, car je
n'ai peu entrer, pour ce qu'on tient le conseil;
si n'oseroye heurter à l'huys. Quand ilz eurent
un peu attendu, le capitaine manda ouvrir
l'huys. Si alla à celle porte et mena avec luy le
conte de Quarion et sa compaignie. Si parla le
capitaine à un des chamberlans, et luy dist que
le conte de Quarion vouloit parler à Jehan de
Paris. — Je voys appeller le chancelier, dist le
chamberlan, qui parlera à vous. Si ferma l'huys
et s'en alla querir le chancelier, lequel il amena.
Et quand il fut arrivé il leur demanda qu'ilz
vouloient. — Nous voulons, dist le conte, parler
à Jehan de Paris de par le roy d'Espaigne. Et
comment, dist le chancelier, est il fort malade,
qu'il n'eust peu venir jusques icy? Certes, vous
n'y pourriez parler, ja ne vous fault icy attendre. — Quand le conte et ses compagnons ouyrent
la response, ilz furent moult esbahis; si se

mirent à retourner le plus bref qu'ilz purent.
Les dames estoient aux fenestres en grand
nombre, attendans la venue de Jehan de Paris,
et quand elles virent venir le conte sans luy,
si furent desconcertées et marries. Si dist la
pucelle au roy son père : Helas, monseigneur,
nous ne verrons point ce beau prince, car voicy
le conte de Quarion qui point ne l'amaine [1].

*Comment le conte de Quarion, luy estant
arrivé devant le roy d'Espaigne, luy dist
la response, et qu'il avoit fait avec les
gens de Jehan de Paris, present les barons.*

Et quand le conte fut entré en la
salle, tous vindrent autour de luy
pour escouter la responce qu'il feroit; si leur compta comment les
rues estoient fortifiées, et les gardes qui l'entrée gardoient. — Par Dieu! deist le roy, il deve-
roit estre subtil qui si bien se veult tenir sur
sa garde. — Aprez leur compta comment les
rues estoient tendues de tapisserie fort riche,
et comment ilz etoient venuz devant son logis,
où ilz avoient trouvé le capitaine de la garde
en riche estat, le quel nous a menez en une
salle tapissée de la plus riche tapisserie que

1. Ce chapitre est redigé un peu différemment dans a
Bibliothèque bleue.

7

jamais on vit, car il n'y avoit gueres que fil
d'or et d'argent, là où estoit pourtraicte la
destruction de Troye, en grandz personnages
tous fais de fin or et de soye, et y avoit esté
l'espace d'un quart d'heure, tandis que le capitaine avoit esté à la porte de la chambre de
Jehan de Paris, à la quelle n'osa heurter, et
avons attendu que quelqu'ung ait ouvert l'huys,
mais le capitaine bien y advisoit, vit un des
chamberlans à la porte. Si nous a menez à
l'huys, et dist : Monsieur le chamberlan, voicy
le comte de Quarion, que le roy d'Espaigne
envoye pour parler à Jehan de Paris. — Or, demourez, dist-il, je vois dire au chancelier,
lequel vint et me demanda que je vouloye. Je
luy dis que le roy m'avoit envoyé pour parler
à Jehan de Paris. Il respondit : Comment ! le roy
est-il si malade qu'il ne peut venir dire ce qu'il
veult ? certes, vous ne pourrez parler. Si avons
esté esbahis ; incontinent nous en sommes retournez vous dire la response. Le roy d'Angleterre de ce fut joyeulx, pensant qu'il ne se
trouveroit point à la feste ; mais si fist, dont il
fut bien marry, comme vous orrez. Si dist : Ne
vous avois je pas bien dit qu'il avoit la tête
lunatique, et il tenoit du fol ? et s'il estoit à
moy à faire, je ne le priroye plus. — Par Dieu,
dist le roy d'Arragon, si le roy me veult croire,
il l'ira convier, et je iray avec luy. Que luy

peult cela nuire, veu qu'il a si noble estat et
qu'il est venu en sa cité? A une telle feste on
n'y doit regarder nul ordre. Les dames furent
joyeuses de ce que le roy d'Arragon avoit dit;
si l'en mercierent moult.

Comment le roy d'Espaigne, accompagné des autres rois, alla inviter Jehan de Paris[1].

rayement, dist le roy d'Espaigne,
il vault mieux qu'on aille vers luy,
et ne puis croire que ce ne soit un
sage homme. Sy iray, si je ne le
pourray admener, et croyez que ja ne sera ma
faulte qu'il ne se vienne festoyer avec ses
dames. — Je yray avec vous, dist le roy d'Arragon, et ainsi dirent tous les autres. Le roy
d'Angleterre, pour faire du bon varlet, dist :
Certes, messeigneurs, je yray, car nous sommes
venus longtemps ensemble; si en viendra plus
volontiers, car déjà l'avois semons d'y venir.
— C'est bien dist, dist le roy d'Espaigne; nous
yrons, mon fils et moy, et vous demourrez pour
entretenir les dames, dist-il au roy d'Arragon
et de Navarre, et plusieurs autres barons, et
aussi pour recevoir plus honorablement Jehan

---

1. Ce chapitre ne se rapporte pas bien exactement à un
de ceux de la *Bibliothèque bleue.*

de Paris ; car je cuyde qu'il viendra pour moy
et pour l'amour de mon beau filz, lequel est
venu avec lui, comme il dit. Ainsi se partirent
les deux roys avecques belle compaignie.
Quant ilz furent à la première barrière et virent
que la rue estoit fortifiée, ilz en furent esmerveillez. Le roy dist aux gardes : Mes amys, nous
voulons aller parler à Jehan de Paris, si vous
avez congé de nous laisser entrer.— Et qui estes
vous ? dist le portier.— Je suis le roy de ce pays.
—Pardonnez-moi, Sire, car je ne vous cognoissoye ; à vous n'est rien fermé, car tous l'avons
par commandement. Et vouloit entrer le roy
par le guichet, mais le portier ne voulut oncques souffrir, ains luy ouvrit la porte et entrèrent, et ne fut oncques la porte fermée tant
que le roy d'Espaigne et sa compaignie fut
dedans. Si furent esmerveillez les deux rois,
quand ilz alloient par les rues, de veoir si belle
tapisserie, car il leur sembloit un paradis des
grans plaisirs qui luy estoient tout plain de
gens d'armes, et point ne faisoit aucun semblant de eulx desarmer. Et quant ilz furent
arrivez devant le logis, si trouverent le capitaine de la garde qui à merveille estoit bel
homme, et qui estoit en un moult riche estat ;
le roy luy dist : Sire, pourrons-nous point parler à Jehan de Paris ?— Et qui estes vous ? dist
le capitaine. — Je suis le roy de ce pays, et veiz

cy mon beau filz, le roi d'Angleterre; si voulons semondre Jehan de Paris à venir aux
nopces. — Sire, dist le capitaine, ne vous deplaise, car je ne vous cognoissoye point, mais
je cognoys le roy d'Angleterre; à vous, Sire,
n'est rien fermé; si me mettray devant vous
pour vous conduire. Lors se met devant le roy
d'Espaigne, qui tenoit l'autre roy par la main,
se met après avec grand nombre de barons;
quand ilz furent en la salle du commun, ilz
s'esmerveillerent de la richesse de la tapisserie
qui illec estoit. Tantost le capitaine alla heurter à la chambre du conseil; si dist à un des
huissiers que le roy d'Espaigne et d'Angleterre
estoient à la porte qui vouloient parler à leur
seigneur. A tant sortit le chancelier de la
chambre, accompagné de cinquante barons en
fort bel estat, entre lesquelz estoient les ducs
d'Orleans et de Bourbon, et plusieurs autres
ducs et contes anciens, car tous les jeunes
princes, Jehan de Paris les tenoit avec luy, du
nombre de cent, que avez ouy ci-devant. Le
chancelier receut honorablement les roys et
leur compaignie. Si dist le chancelier au roý:
Sire, que venez-vous icy faire, vous qui avez
tant de passe-temps en vostre palays? vous
soyez le bien venu en vostre mesme terre. —
Certes, dist-il, je ne me pourroye tenir de venir
veoir Jehan de Paris, et le semondre que son

plaisir soit de venir à mon palays et le sien,
veoir les dames, qui fort le desirent; si vous
prie que à luy me fassiez parler s'il est possible. — Par Dieu, il est bien ayse. — Grand
mercy, dist le roy. — Or venez donc, Sire, dist
le chancelier; je vous monstrerai le chemin. Si
le mena en la chambre du conseil, qui toute
estoit tendue de satin rouge broché de feuillage
d'or, le ciel de même et le pavement; puis
vint heurter à la chambre du secret conseil,
où Jehan de Paris estoit en la manière qui s'en-
suyt : premièrement, la chambre, le ciel, le
pavement, estoit tendu d'un velours vert à
grans personnages d'or enrichi de perles, où
estoit pourtraict l'Ancien Testament. Au coing
de la chambre avoit un hault siege à trois
degrez couvert d'un riche poesle d'or, et pardessus y avoit un riche pavillon fait d'orfaverie
esmaillée, à grand nombre de chainettes d'or
qui tenoyent dyamans, rubis, esmeraudes, sa-
phyrs, et plusieurs autres pierres précieuses
qui estinceloient merveilleusement; Jehan de
Paris et ses gentilzhommes etoient tous vestus
de drap d'or si riche à merveilles et toutes de
mesme sorte, fors Jehan de Paris, qui avoit ung
collier tout couvert de riches pierres. L'huissier
si vint ouvrir la porte pour veoir qui y heur-
toit; si trouva le chancelier et les deux roys,
qui dirent à l'huissier : Que faict vostre mais-

tre ? — Monseigneur, il est en son siege, où il de-
vise avec les barons. – Voicy le roy d'Espaigne
qui le vient veoir. Si entrerent en la chambre
comme vous orrez [1].

*Comment le roy d'Espaigne et d'Angleterre,
accompagnez de plusieurs barons, entrerent en la chambre de Jehan de Paris, et
comme Jehan de Paris se leva de son
siege pour faire la reverence au roy d'Espaigne.*

ors à l'entrée de la chambre, le
chancelier se mit à genoulx devant
Jehan de Paris, disant : Sire, voicy
le roy d'Espaigne qui vous vient
saluer. Quand le roy d'Espaigne le vit en si
grant triumphe, il s'inclina et fit la reverence ;
et quand Jehan de Paris le vit, il se leva de
son siege et le vint accoller en disant : Sire
roy d'Espaigne, Dieu vous maintiene et vostre
belle compaignie. Au regard de vostre beau
filz, il n'y a gueres que sommes venus ; venez
vous en seoir. Si le print par la main et le
mena˜ seoir auprès de luy, puis dist au roy
d'Angleterre : Prenez place où il vous plaira.
Les barons de Jehan de Paris firent asseoir les

1. Tout ceci est rapporté beaucoup plus brièvement dans
la *Bibliothèque bleue.*

autres ; et quand le monde fut assis, le roy
d'Espaigne parla en ceste maniere : Jehan de
Paris, se je ne vous nomme autrement, il me
doit estre pardonné, car voz gens ne nous
ont voulu nommer voz tiltres ; toutesfois soyez
le bien venu en ce païs, qui est du tout à vostre
commandement.— Grant mercy, dist Jehan de
Paris.—Je vous prie, dist le roy, qu'il soit vostre plaisir de nous faire cest honneur de venir
jusques au palais veoir les dames, qui fort vous
desirent ; si y trouverez le roy et la royne
d'Arragon, les roys de Navarre et de Portingal,
et plusieurs grans dames et barons ; si ne serez
pas si honnestement traicté comme vous appartient, mais de belles et honestes damoyselles,
qui vous feront bonne chère. Les gens du roy
des Anglois estoient tous marrys de l'humilité
et amour que le roy d'Espaigne monstroit à
Jehan de Paris. — Vrayement, dist Jehan de
Paris, vous ne les dames n'estes à reffuser ; si
ferons collation et puis les yrons veoir.

Comment Jehan de Paris fist aporter espices
et confitures de toutes sortes, et vins de
plusieurs façons et couleurs [1].

antost apporterent espices et confitures d'or de toutes sortes en
grans couppes de pierrerie ; après
les vins de plusieurs sortes, dont
le roy estoit tout esmerveillé. Quand ilz eurent
faict collation, Jehan de Paris dist au roy : Or
sus, allons quand il vous plaira. Or print le roy
par la main et se mirent à chemin. Quand il
fut arrivé à la porte, il dist au capitaine de la
garde qu'il ne menast que les barons et les
cent hommes de son habit ; tantost le dict capitaine se mist devant avec cent hommes
d'armes pour faire voye, car grande estoit la
presse. Les dames et seigneurs du palais furent
toutes deconfortées quand ilz virent que les
deux roys demouroient tant ; mais il vint un
chevalier moult courant qui vint dire : Sus,
apprestez vous, car voicy venir les plus belles
gens et mieulx en point que jamais furent sur
la terre. Alors eust moult grant joye la pucelle ; le roy d'Arragon prit la royne d'Espaigne, et sa fille fut menée par le roy de Navarre, et le roy de Portingal prit la royne

1. Ce chapitre n'existe pas dans la *Bibliothèque bleue.*

d'Arragon, et les autres princes prirent chascun sa dame et se mirent en ordonnance; si
les allèrent veoir venir de loing par les fenestres, puis se mist chascun en sa place, et disoient : Ne voyez-vous pas comment celuy
prent l'honneur devant les roys, que tous deux
les maine et marche le premier; certes, il
est homme de grand haultesse, et ne montre
pas qu'il soit en pays estrange. — Vrayement,
dirent les autres, non est-il, car il est partout
le plus fort, qui lui donne ce courage. — Et par
mon Dieu, dist la pucelle, la fierté qu'il a luy
sied moult bien, car c'est un droict mirouer
de beaulté. Et à tant voicy entrer la garde, qui
tous ensemble saluerent la compaignie, et puis
se vont serrer à un part contre un coing de la
salle, qui sembloit que tout ce ne tinssent pas
place de quarante.

Comment Jehan de Paris se assit au plus
  haut lieu de la salle avec la pucelle et
  dist : Messeigneurs, prenez place où il
  vous plaira, car nous avons prins la
  nostre.

i est arrivé Jehan de Paris entre le
roy d'Angleterre et d'Espaigne en
la salle; les seigneurs et damoyselles vindrent au devant. Jehan

de Paris salua les roys d'Arragon , de Navarre et de Portingal, et puis osta son cha-
peau et baisa les deux roynes. Après print la
pucelle par la main priveement et la baisa
doulcement en disant : Je vous remercie, ma
sueur, de vostre presence. Elle rougit et s'inclina. Puis dist Jehan de Paris à ses barons :
Allez baiser toutes ces dames, nous nous irons
reposer. Si print les deux roynes par les mains
et dist au duc de Normandie, qui après luy
estoit, qu'il lui admenast la damoyselle; il s'en
va asseoir au plus noble lieu de la table, qui
grande estoit, et se assit au milieu des roynes;
puis dist au duc d'Orléans, son cousin : ame-
nez moy ce que vous ay baillé; vous n'estes
pas si honteux que ne prenez du meilleur en-
droict, dont chascun se print à rire; puis dist
haultement : Messeigneurs, prenez place, car
nous avons prins la nostre. Si commença à
deviser avec la pucelle, et tous les roys et
grandes dames, princes, plus qu'ilz peurent se
approchèrent pour les ouyr deviser. Et en parlant, la pucelle dist à Jehan de Paris : Sire, vous
avez amené une moult belle armée, et la mieux
en point que jamais on veit en ces contrées.
— Mamye, dist Jehan de Paris, je l'ay faict
pour l'amour de vous. — Et comment, dist la
pucelle en rougissant, pour l'amour de moy?
— Je le vous diray, respondit-il. — J'ay ouy

dire que l'on vous devoit combattre demain,
et pour ce je viens offrir si vous avez point
affairé de mes gens d'armes, qui ont bonnes
lances et roydes. De ce mot fut fort grand
parmi la salle le bruit de rire, car tous escoutoient diligemment. — Sire, dist la pucelle
toute honteuse, je vous remercie de vostre office, car il n'y fault pas grand assémblée. —
Sainct Jehan, dist il, il est vray, car ce sera
corps à corps nudz en champ de bataille bien
etroict. Jamais vous ne vistes tant rire que
les seigneurs et dames rirent des questions
qu'il luy faisoit. — Sire, dist le roy de Navare au
roy d'Espaigne, oyez vous pas cest homme que
mon cousin, vostre beau filz, blamoit en disant
que parfois il disoit des motz qui tenoient du fol-
lastre; par Dieu, je croy que non fait, mais les
baille si couvertz que nul ne le peut entendre;
si vouldroye bien que les luy fissions expliquer.
— Je le veulx bien, dist le roy, mais j'ay paour
de luy desplaire, car sur ma foy c'est la plus
plaisante creature que je vis oncques; si seroit
bon de le faire boire, dist le roy, mais nous ne
pourrons ainsi faire comme il nous a fait;
pleust à Dieu que vous y eussiez esté. — Amen,
dist il, mais il ne s'en ira pas encore; si desire
d'avoir accointance avec luy. [1].

---

1. Ce chapitre est beaucoup moins complet dans la *Bibliothèque bleue.*

Comment le roy fist apporter pour faire collation à Jehan de Paris.

ependant le roy fit apporter collation, qui tost fut preste, et le maistre d'hostel de ceans vint à un des barons de Jehan de Paris lui demander comme il le feroit boire. — Attendez, dist celui-ci, je vais querir celuy qui le sert. Et incontinent celui alla dire au duc de Normandie que l'on vouloit servir de vin ; le duc apella l'escuyer et luy dist qu'il allast prendre les couppes pour servir, et incontinent appella deux autres escuyers avec luy. Si vindrent presenter à Jehan de Paris, lequel print la sienne et commanda bailler les deux autres au deux roys, en disant : — Beuvons nous trois pour despeche, et les autres bevront quand il leur plaira. Si beut sans attendre. Puis bailla sa coupe à la pucelle en disant : — Tenez, belle amye, j'ay beu à vous, je sçay bien que ne me craindrez. — Dieu, dist la pucelle, il n'y a cause pourquoy, si vous remercie. Les roys, seigneurs et dames beurent, qui fort s'esmerveilloient dont Jehan de Paris prenoit ainsi l'honneur sur tous les roys, qui estoient plus vieux que luy. Quand la collation fut faite, les roys et dames se approchèrent de Jehan de Paris pour railler et

deviser avecques luy. Si luy demanda le roy de
Navarre : — Jehan de Paris, mon doulx amy,
que dictes vous de nostre nouvelle espousée?
— Certes, dist-il, je ne sçaurois dire que tout
bien et honneur, car il me semble que Dieu l'a
parfaite à son loysir, que rien n'y a oublié.
Si n'a besoing que d'un bon officier. — Et quel
officier, sire? dit-elle. — Or le demandez à mes
seigneurs, à sçavoir s'ilz le vous scauroient
nommer. — Par ma foy, dist le roy de Portingal, vos motz sont si fors à entendre que nous
n'y sçaurons que exprimer. Si vous prions
que le nous veuillez nommer. — Vrayment, dist
Jehan de Paris, c'est chose bien aysée à entendre, car je croy que de maistre d'hostel,
d'escuyers et de secretaires elle est bien fournie,
mais voluntiers, quand dames sont loing de leur
pays, elles en desirent souvent avoir des nouvelles, et pour elles a besoing d'ung bon che-
vaucheur. Quand ils entendirent ces parolles,
chascun se print fort à rire. — Or par Dieu,
dist le roy d'Espaigne, Sire, vous sçavez bien
ce qu'il fault aux dames, mais en voz motz il
fault tousjours gloser.

*Comment le roy d'Espaigne demanda à
Jehan de Paris l'exposition des motz qu'il
avoit dit au roy d'Angleterre.*

i je n'avoye paour de vous desplaire, dist le roy d'Espaigne, je
vous demanderoye l'exposition d'aucuns motz que vous avez dit en chemin à mon beau-filz. — Certes, dist Jehan de
Paris, demandez ce qu'il vous plaira, car rien
ne me sçauroit desplaire. — A vostre congé
donc, dist le roy d'Espaigne, je vous en dirai
un : Mon beau-filz ma dit que quand vous
véniez un jour qu'il plouvait, vous lui dictes
que luy, qui estoit roy, devoit faire porter à ses
gens dès maisons pour eux garder de la pluye.
Si ne puis entendre comment ces maisons
pourroient aller ni qui les porteroit. Jehan de
Paris se print à rire, et puis dist : — Certes,
cela est bien aysé à entendre si vous eussiez
esté sur le lieu, car il pouvoit bien prendre
exemple à moy et à mes gens, qui avions man-
teaux et chaperons à gorge, avec nos houssaulx,
qui nous gardoyent de la pluye. Et quand il
faisoit beau temps les mettions sur noz bahus.
Et ce sont les maisons que je disoie à vostre
beau-filz, qui estoit mouillé luy et ses gens
comme s'ilz se fussent plongés dans la rivière.

— Ha, dist le roy, vous dites verité. — Vrayment, dist le roy de Portingal à l'oreille du roy
d'Espaigne, cettuy n'est pas si fol comme vostre
beau-filz disoit, mais un beau et vif entendement de son aage. — Encore je vous demanderoye voluntiers une autre chose, se dist le
roy d'Epaigne, se il estoit vostre plaisir. C'est
que autre jour luy dites qu'il ne faisoit porter
ou mener à ses gens un pont pour passer les
rivières. — De cela ne fault il pas grande exposition, car elle est de mesme la première. Il
est vrai que, par deçà de Bayonne, un jour
nous trouvasmes une petite rivière bien creuse.
Le roy d'Angleterre et ses gens, qui estoient
mal montez, se mirent dedans pour passer,
dont il s'en noya bien des plus mal montez,
et je passay après avec mes gens, qui n'eurent
nul mal, et quand nous fumes passez, le roy
me fist ses plaintes de ses gens qui estoient
noyez. Et je luy dis qu'il devoit faire aporter un
pont pour passer les rivières à sauveté, c'est
à dire bons chevaulx comme il veit les miens,
qui n'eurent nul mal; je cuydoie bien qu'il eust
entendu. — Par Dieu, dist le roy, bien luy
baillez à entendre. — Or, puisque tant nous
avez dist, dist le roy d'Espaigne, je vous prie
que nous declairez le tiers, et plus ne parlerons. — Je vous ai dit, tout ce qu'il vous plaira
me plaist; pour ce ne faites nulle difficulté. —

Je vous prie donc (dist le roy d'Angleterre) que
vous nous declariez comment vous entendez ce
que vous luy dictes que vostre feu père estoit
venu en ce pays il y avoit environ quinze ans
et avoit tendu un latz à une cane, et que vous
veniez pour veoir si la cane estoit prinse. —
De cela, dist Jehan de Paris, je ne blame point
le roy d'Angleterre, car il est bien fort à entendre, et toutesfois, puisqu'il vient à propos,
je suis content de vous le déclarer. Or entendez
que c'est : Il est vray qu'il y a bien environ
quinze ans passez que le roy de France, mon
feu père, vint en ce pays pour remettre le
royaulme en vostre obeissance et le siège à la
royne vostre femme, et quant il s'en voulut
aller, tous deux luy donnastes vostre fille pour
icelle marier où bon lui sembleroit, et il vous
respondit que ce seroit avec moy. Et ce sont
ces latz, et voicy la cane que je suis venu veoir
si elle est point prinse.

8

*Comment Jehan de Paris rebrassa ses ha-
billements en la salle devant les seigneurs
et dames pour montrer qui il estoit [1].*

t aussitost qu'il eut fini le parlement
avec le roy d'Espaigne, rebrassa sa
robe, laquelle estoit par dedans
d'un velours bleu semé de belles
fleurs de lys d'or. Quand le roy et la royne
d'Espaigne ouyrent ces paroles, tous deux se
getèrent à ses piedz avec leur fille en disant :
— O puissant roy, pour Dieu plaise vous nous
pardonner nostre offence, car tout ce que vous
avez dist est vray, et bien le sçavons, et la plus
part de tous mes barons qui icy sont. Si suis
content de recevoir telle pugnition comme il
vous plaira ordonner. Et quand est de ce, nostre
fille bien sçay qu'elle n'est digne d'estre con-
joincte avec vous, mais dès maintenant je vous
la livre pour la marier à celuy qui vous plaira,
et luy bailler la possession de mon royaulme.

Le roy Jehan si les leva et remercia, puis
dist à la pucelle : — Ma mye, vous avez ouy
ce que vostre père et vostre mère ont dit. Qu'en
dites vous, car le faict vous touche : voulez
vous le roy d'Angleterre ? — Très hault et puis-

1. Ce chapitre est omis dans les éditions de la *Bibliothèque bleue*.

sant seigneur, je veult tenir de poinct en poinct
ce que mon père vous a dit, car les premières
promesses doivent tenir; si m'en tiendroye
bien heureuse se j'avoye un de vos barons. —
Or me dictes donc lequel vous voulez, car
chascun porte ses armes soubz sa robe.

Comment le roy Jehan commanda au duc d'Orléans et de Bourbon et à plusieurs autres qu'ilz se rebrassassent leurs robes [1].

Lors fist le roy Jehan rebrasser les
robes desditz barons, qui moult
beau veoir faisoit. Si se firent cognoistre les plus aagés, qui avoient
esté en Espaigne avec le feu roy, comme le duc
d'Orléans, de Bourbon et plusieurs autres. Le
roy Jehan demanda de rechef à la pucelle: —
Avez vous avisé lequel vous voulez de ceulx
icy, ou se vous voulez encore penser. — Très
hault Sire, dist elle, à moy n'appartient pas de
choisir, mais celuy que vous plaira me plaira,
en suivant la promesse que monseigneur mon
père fist au vostre. — A part Dieu, vous estes
fine femme, deist le roy Jehan. Puis que vous
voulez tenir la promesse de vostre père, c'est
à dire que je dois tenir la promesse que le

1. Ce chapitre est encore entièrement retranché dans la
Bibliothèque bleue.

mien fist. C'est que vous seriez ma femme.
Alors se mirent tous à rire, fors les Anglois. — Or ça, dist le roy Jehan, par vostre
foy, vouldriez vous bien estre ma femme, si
vostre père le vouloit et si je m'y consens. —
Sire, c'est une question où il ne fault point de
response, car bien pouvez sçavoir qu'il n'est
chose au monde que tant je desirasse. — Or
donc, ma mie, je m'y consens et vous prometz
espouser au matin, au plaisir de Dieu et de vos
amys. Le roy d'Espaigne et la royne le merciè-
rent, et les rois d'Arragon, de Portingal et de
Navarre luy vindrent demander pardon de ce
qu'ilz ne luy avoient faict l'honneur qui luy
estoit deu. — Sire roy d'Angleterre, dist le
roy de France, vous ne devez estre mal content
de cecy, car elle estoit mienne passé à quinze
ans ; si n'ay voulu faulcer la promesse de feu
mon père.

Comment le roy d'Angleterre s'en alla bien marry et courroucié quand il vit que le roy de France luy avoit osté celle qui tenoit son cueur et sa pensée [1].

oyant ces choses, le roy d'Angleterre fut fort marry, et se partit du palais dès l'heure, et monta à cheval et s'en alla luy et ses gens à son pays. Après le departement nu roy, commença la feste grande et plantureuse par le palays et par la cité, quand on sceut que c'estoit le roy de France qui espousoit la fille. Le souper fut grand, et y furent servis de plusieurs entremetz qui venoient de la cuisine du roy de France, et bien fut regardé la vaisselle en quoy il estoit servi. La pucelle estoit si joyeulse que l'on ne le sçauroit racompter. Si m'en passe aussi pour cause de brefté. Quand vint le lendemain au matin, le roy Jehan envoya de riches bagues à la pucelle; si luy envoya de la vaisselle d'or plain un buffet, un autre buffet de vaisselle d'argent et un pavillon faict de fleurs de lys chargé de pierreries, le plus riche que on vit jamais, et luy envoya ses taillandiers pour luy faire des habillementz à la mode de France et à toutes ses damoyselles.

1. Chapitre omis dans les éditions de la *Bibliothèque bleue.*

Comment le roy de France espousa la fille
au roy d'Espaigne en grand triumphe et
honneur en l'habit du païs.

 e iour vint que les nopces se devoient faire. Si espousa le roy Jehan
la fille du roy d'Espaigne, en la ville
de Burges, en l'habit du païs, hors
mis la couronne que le roy Jehan luy donna,
qui fort estoit riche. De la feste et triumphe je
m'en passe. Quant ce vint le soir, le roy Jehan
dist que point ne coucheroit au palays, et pour
ce furent les dames en son logis avecque la
mariée. Quand elles virent les merveilles qui y
estoient, toutes disoient que à bonheur estoit la
pucelle née d'avoir ung tel prince espousé, et
qu'elle avoit faict en peu d'heure un beau change.
La pucelle estoit si joyeulse qu'elle ne sçavoit quelle contenance faire. Cependant que les
dames la deshabilloient, le roy Jehan arriva
avecques belle compaignie; si dist à son amye:
Et puis, ma mye, vous desplaist il point d'a-
voir laissé le palays de vostre père? — Certes,
monseigneur, il ne me fault pas demander, car
je n'euz jamais si parfaicte joye comme j'ay
eue quand je me suis trouvé ceans; aussi n'est
pas à comparer le palays de mon père à vostre
logis; mais encor dis je que je vous aime mieulx

que le demourant du monde. Ce mot pleust
au roy ; si la courut accoler et dist : Ma mye, ce
mot ne sera oublié. Or ça, que donnerez vous à
ces belles dames et damoyselles qui tant de peine
ont pris pour vous ? — Monseigneur, dist elle,
je ne sçay. — Veez là, dist il, ces six coffres
plains de belles bagues de drap d'or. Departez
les où bon les semblera, car pour ce faire ont
ilz esté apportez. La pucelle se agenouilla moult
humblement, le remercia. Mais il la leva bientost et luy dist que plus ne fist, mais doresna-
vant à luy parle comme de pareil à pareil. —
Il n'est pas raison, dist la mère. — Et je le
vueil ainsi, dist il, et si luy commande que de-
parte les bagues et joyaulx aux dames et damoyselles ; parquoy elles prisèrent fort ce noble
roy de France [1].

*Comment on coucha la pucelle, et comment
le roy de France s'en alla coucher auprès
d'elle [2].*

uis après que l'espousée eust été des-
habillée se coucha, et s'en allèrent
les dames et damoyselles chascun
en son lieu. Si vint incontinent

1. Ce chapitre est très-altéré dans la *Bibliothèque bleue.*
2. Chapitre supprimé dans les éditions de la *Bibliothèque
bleue.*

le roy de France, à qui il tardoit bien l'heure.
En la chambre fut deshabillé; si se mist auprès
celle qu'il aymoit par dessus toutes creatures,
et n'avoit pas tort, car c'estoit la plus doulce et
la mieulx morigenée qui fut en tout le monde.
Grant joye s'entrefirent les deux amans, et firent
tant de beaux passetemps durant la minuit
comme vous aultres jeunes gens qui aymez
quelque belle jeune fille quant la pouvez tenir
entre voz bras; Dieu scet le plaisir et la joye
qu'ilz avoient. Si l'engrossit cette nuit d'un
beau filz, qui depuis fut roy de France. Et
quand vint le lendemain à l'heure de lever, le
roy Jehan se leva et s'en alla rallier avec ses
barons, qui joyeulx estoient de leur seigneur,
qui honestement les conduisoit. Les dames vindrent veoir la nouvelle royne, qui bonne chère
leur fist, et ainsi comme elles la cuydoient ha-
biller vint un maistre taillandier du roy, qui
leur dist : — Mes dames, ne vous desplaise, car
elle doit estre aujourd'hui habillée à la mode
françoyse. — Helas, mon amy, dist la royne de
France, je vous prie que je y soye habillée, car
bonne Françoyse suis et seray tout mon vivant.

Comment les cousturiers et taillandiers du roy Jehan habillèrent la royne à la mode de France.

ncontinent vindrent taillandiers et cousturiers de par le roy Jehan mettre la royne en point à grande diligence; si luy vestirent une riche cotte d'ung drap d'or cramoisy, et par dessus une robe d'un velours semé de fleurs de lys d'or, tant belle et mignonne que avec la beauté qu'elle avoit sembloit mieulx divine que humaine. Puis luy mirent en la teste un atour bien riche; si luy fut mis au col un collier d'or couvert de rubis et dyamans, et avoit au milieu une escarboucle qui rendoit une grande lumière. Ainsi comme on l'habilloit vindrent les roys d'Espaigne, de Portingal, de Navarre et d'Arragon, qui trouvèrent le roy Jehan avec ses barons. Si le saluèrent, et il les recueillit doulcement, puis luy demandèrent comment il luy estoit. — Moult vous trouverez vostre fille saine. — Et yrons veoir par vostre congé, dirent les quatre roys. — Je yray donc avec vous pour ouyr qu'elle vous dira. Et quand ilz furent entrez en la chambre, et ilz virent la royne de France ainsi habillée, ilz luy firent une grande reverence [1].

1. Tous ces détails ont été supprimés dans la *Bibliothèque bleue.*

Comment le roy de Navarre, parlant à la
royne de France, luy dist que les fleurs
de lys luy estoient montez dessus le corps[1].

donc quant les quatre roys éurent
faict la révérence à la nouvelle
royne, elle leur rendit leur salut
et leur fist bonne chère. Si furent
bien esbahis de la veoir en si riche estat ; si
luy dist le roy de Navarre en riant : Comment,
ma cousine, les fleurs de lys vous sont montez
dessus le corps. — Ouy, dist elle, beau cousin,
mais encores en y a il beaucoup plus par
dedans, qui jamais n'en sortiront. Quant le roy
Jehan l'entendit, il en fut joyeulx ; si n'en feist
nul semblant. Quant tout fust apporté, il alla
à l'eglise, qui fut richement tendue de fleur de
lys, et le roy donna à l'eglise, et tant plus en
diroye car la feste dura quinze jours. Si donna le
roy Jehan de riches dons au roy et à la royne
d'Espaigne, son beaupère et mère ; si fist il
aux roys d'Arragon, de Portingal, de Navarre,
et à leurs femmes et à tous les chevaliers, tant
que chascun le tenoit le plus riche prince du
monde.

1. Chapitre supprimé dans la *Bibliothèque bleue.*

Comment le roy Jehan demanda congé à son beau père et à sa belle mère pour s'en retourner. Comment la royne de France plouroit parce qu'il avoit dit qu'il la laisseroit en Espaigne[1].

près que les noces furent passées, le roy de France vint au roy d'Espaigne, present leur fille, sa femme ; si leur deist : Beau père et vous belle mère, que j'ay grand charge de mon royaulme gouverner et, ay la plus grand part de mes barons ; si ay laissé ma mère seule, à grand désir de me veoir. Pour ce, si c'est vostre plaisir, me donnerez congé, et doubtant vous desplaire, ne vous ose demander licence de emmener ma mie ; car si c'est vostre plaisir qu'elle demeure, je vous la recommande. Je luy laisseroy son estat comme à telle royne appartient, car de voz biens ne veulx-je qu'elle despende un denier. Je vous prie, traitez bien vostre peuple, et le gardez de oppresser ; ilz prieront Dieu pour vous. En disant ces parolles, la jeune dame fondoit en larmes, voyant qu'elle estoit pour demourer et que son amy s'en alloit sans elle. Oyant le roy d'Espaigne ce que le roy

1. Ce chapitre a été supprimé dans les éditions de la *Bibliothèque bleue*.

de France lui avoit dist, luy respondit : Mon
filz, puisqu'il vous plaist me faire cest honneur
d'avoir prins ma fille à femme, je vous prie,
Sire, que ne la veuillez laisser, car sans vous
elle ne pourroit demourer. Si vous suplie que
en ce royaulme veuillez commettre telz gouver-
neurs qu'il vous plaira, car dès maintenant je
vous livre le royaulme. — Monseigneur, deist
le roy de France, qu'est-ce que vous dictes?
Se vous prie que jamais n'en soit parlé, car de
ce royaulme et du mien, tant que vous vivrez,
pourrez faire à vostre volunté; car soyez certain que vostre royaulme ne voz biens ne
m'ont point emeu à avoir vostre fille, mais sa
bonne renommée; et puisque vostre plaisir est
que je l'emmene, j'en suis joyeulx si elle y veult
consentir. Quand la royne de France oyt les
parolles que le roy Jehan avoit dictes, elle se
getta à ses genoulx devant luy en disant :
Monseigneur, pourquoy demandez-vous mon
consentement, car sur ma foy je n'en ay point
sinon comme le vostre le maine, et vous asseure
que vous ne sçauriez vouloir chose qui ne me
plaise, car s'il estoit que je pusse sçavoir toutes
voz voluntez, à mon pouvoir je les acompliroye.
Longuement parlerent ensemble de ceste de-
partie, qui seroit trop longue à racompter; à
la fin, après plusieurs parolles, pleurs et re-
gretz, prindrent congé les uns des autres.

Comment le roy de France et la royne, sa femme, partirent d'Espaigne pour eulx en aller en France.

près avoir prins congé les uns des autres, le roy de France et la royne partirent d'Espaigne et firent tant par leurs journées que ilz arriverent en France, où ilz furent receuz par les bonnes citez à grant honneur et triumphe. Si firent tant qu'ilz arriverent à Paris, où la reception qu'on leur fist seroit trop longue à racompter, car moult grant honneur leur fut faict, et aux seigneurs et barons d'Espaigne qui leur dame avoient conduicte jusques à Paris. Si demourerent en France six moys, pendant lequel temps firent bonne chere, puis retournerent en Espaigne; et au bout de neuf moys feist la royne ung beau filz, et au bout de cinq ans en feist ung autre, lequel fust roy de France après son père, qui longuement vesquit et teint son royaulme en bonne paix et union. Puis trespasserent de ce siecle pour aller à la gloire eternelle de paradis, où je prie à Dieu qu'il nous doint grace que y puissions parvenir.

Amen.

FIN.

PARIS. IMPRIMERIE DE J. CLAYE ET Cᵉ, RUE SAINT-BENOIT, 7